Kamingeschichten

Geschichten & Gedichte für gemütliche Stunden

esslinger

Kamingeschichten

Geschichten & Gedichte für gemütliche Stunden

Inhalt

Im Herbst

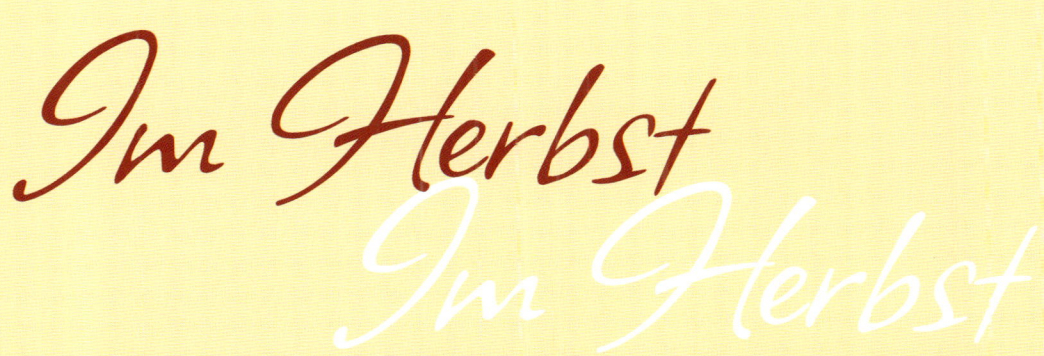

Im Herbst

Der schöne Sommer ging von hinnen,
der Herbst, der reiche, zog ins Land.
Nun weben all die guten Spinnen
so manches feine Festgewand.

Sie weben zu des Tages Feier
mit kunstgeübtem Hinterbein
ganz allerliebste Elfenschleier
als Schmuck für Wiese, Flur und Hain.

Ja, tausend Silberfäden geben
dem Winde sie zum leichten Spiel,
sie ziehen sanft dahin und schweben
ans unbewusst bestimmte Ziel.

Sie ziehen in das Wunderländchen,
wo Liebe scheu im Anbeginn,
und leis verknüpft ein zartes Bändchen
den Schäfer mit der Schäferin.

Wilhelm Busch

Als ich das Ofenhückerl war

Warum es so frostig wird heutzutage? Warum wir gefroren sind? Weil wir keinen ordentlichen Ofen mehr bauen können. Allen Respekt vor den schwedischen und russischen Öfen, gar zierlich sind sie und ein Zimmerschmuck und alles mögliche, aber so recht gemütlich? So recht gemütlich ist nur der große, breite, behäbige Kachelofen mit seinen grünen oder braunen Augenreihen, mit seinem Holzgeländer und seiner Ofenbank. Die Ofenbank, wo die Kindheit und das Alter hocken, das Enkelein und die Großmutter – und die alten Märchen!

Daheim in meinem Vaterhaus, da stand so einer! Ganz hinten in der linken Stubenecke, wo es immer etwas dunkel war. Über der breiten Ofenbank, die sich um ihn herumzog, war eine Reihe viereckiger Plattkacheln und darüber, in weißen Lehm eingefügt, die runden Kacheln mit hervorquellenden Bäuchen, in welchen sich die lichten Stubenfenster mit ihren Kreuzen spiegelten. Der Ofen strebte breit auf und wölbte sich oben in Kacheln sachte zusammen.

Wenn man fragte, wie alt er sei, so antwortete der Vater: „Mein Ahndl wird ihn haben setzen lassen, oder der Urähndl."

Freilich wurde jeder kleine Schaden an ihm sofort verkleistert und mit weißem Lehm übertüncht, freilich wurden ihm fast alle Samstage die großen Augen gewaschen, so dass er immer jung und frisch in die Stube schaute. Umfriedet war er von dem leiterartigen Geländer, an das die Mutter unsere frischgewaschenen Hemden zum Trocknen hing. Denn warm war es bei diesem Ofen immer, selbst im Sommer, wo sonst der Brunnentrog warm und der Ofen kalt zu sein pflegt. Er wurde überhaupt nie kalt, und es mochte sein, wie es wollte, es mochte regnen oder schneien oder winden – auf der Ofenbank war's immer gut. Und wenn draußen der Sturm toste in den alten Fichten und der hölzerne Hirsch an der Wand klapperte, und wenn

die Blitze bleckten, dass die Berge über dem Graben drüben grün und gelb waren, und wenn der Donner schmetterte, als breche schon der Dachstuhl nieder mitsamt dem Giebel und seinen Schwalbennestern, da dünkte mich die Ofenbank der sicherste Ort, wohin das Verderben so leicht nicht reichen könne.

Kurz, die Ofenbank war mir der trautsamste Mittelpunkt des heimatlichen Nestes. Lange Zeit hatte ich mein Bett auf derselben. Ich lag auf der Ofenbank, als ich so klein war, dass im Munde noch der „Zuzel" und zwischen den Beinen noch die Windel stak; ich lag auf der Ofenbank, als ich so krank war, dass die Mutter mich dem Himmel gelobte, wenn er mich nicht zu zeitig nähme (das wurde später rückgängig, weil das Geistlichwerden Geld kostete). Ich lag auf der Ofenbank, als ich so dumm war, allmorgendlich die Oberlippe mit Seife einzureiben, damit der Schnurrbart endlich wachse. Ich lag auf der Ofenbank viel später, als der Bruder Jakob mir den Bart wegkratzte, weil er mir zuwider war. Und wenn ich in früheren Zeiten dort so lag, da hörte ich manchmal hinter den Kacheln drin leise das Feuer knistern, wenn die Mutter morgens eingeheizt hatte; es wurde wärmer, aber es wurde nicht schwül um mich. Es wurde nie kalt, und es wurde nie heiß, und wenn mir einer so einen alten Kachelofen plump und unförmig schimpft, so stelle ich seinem Leben nach.

Denn über den besten Freund unseres Hauses lasse ich nichts kommen.

Er gab uns nicht allein Wärme, er gab uns auch Brot. Alle zwei Wochen einmal war Backtag. Man kennt die Stattlichkeit der Brotlaibe bäuerlicher Abkunft; solcher Laibe ihrer vierzehn hatten nebeneinander Raum auf dem glühend heißen Steinboden drinnen.

Während der Ofen also das Brot buk, hatte unsere Mutter ein besonderes Heil mit ihm. Da durfte kein feuchter Lappen in seiner Nähe hängen, da durfte in der Stube keine Tür und kein Fenster aufgemacht werden, damit kein ungeschaffenes Lüftchen den braven Ofen anwehe und seine Frucht etwa beeinträchtige.

Zwei Stunden lang dauerte die Backzeit, und da war es in der Stube allerdings so, dass nicht bloß die Heiligen auf dem Hausaltar schwitzten, sondern auch alle Fenster – selbst im hohen Sommer. Die Fenster sind sonst nicht so wie unsereiner, der im Sommer schwitzt; die Fenster schwitzen im Winter, wenn's drinnen wärmer ist als draußen. Aber beim Backen gab's eine Ausnahme. Einmal stieß in solch heikler Stunde des Backens der Wind ein Fenster auf: Was geschah?

Die Brotlaibe, die schon angefangen hatten aufzuschwellen, fielen in sich zusammen und blieben speckig wie ein Klumpen Schmer (Fett, Schmalz). Nicht ein so großes Löchelchen im Innern des Laibes, dass man ein Haferkorn, geschweige eine Erbse drin hätte verstecken können! Damals hat die Mutter geweint. Wir aßen das Brot in der Suppe wie sonst. „Wenn's den Laib im Ofen nicht auftreibt, so treibt's den Magen auf", heißt es, und so war's auch.

Am Backtag gab's für mich kleinen Buben allemal eine säuerliche Freude. Denn bevor das Brot in den Ofen kam, musste ich hinein. Aber zum Glück nicht nach dem Feuer, sondern vor demselben. Da war's etwas staubig drinnen und rußig und ganz finster. Mit einem Besen aus Tannenreisig hatte ich den Steinboden des Ofens auszufegen, Kohlen, Asche fortzuschaffen und dann die großen Holzscheiter übereinanderzuschichten, die mir die Magd zum Ofenloch hineinsteckte. Ich weiß nicht, ob die Spanier im Mittelalter auch so geschichtet haben: zuerst eine Brücke geradeaus, darüber eine Brücke in die Quere, dann wieder eine geradeaus und eine in die Quere und so weiter. So baute ich den Scheiterhaufen, und so brennt's am besten. Die Scheiter waren anderthalb Ellen lang, und als das Gebäude aufgeführt war bis fast zur Wölbung, da engte es sich arg, und da kroch ich ringsherum, zu sehen oder vielmehr zu tasten, ob es gut war – und dann zum Loch hinaus.

Zum Lohn für solch finstere Taten bekamen wir Kinder jedes ein frisch gebackenes Brotstriezlein,

SPITZWEGERICH

HOLLUNDERBLÜTEN

welches wir gleich in noch dampfendem Zustand verzehrten.

Wie die Scheiter gebaut wurden, ist schon gesagt worden. Alsdann den Stoß anzünden, brennen lassen, ausgluten lassen, die Glut mit einem Krückel auseinanderstieren, dann herauskratzen und mit der Ofenschüssel, einer langbestielten Holzscheibe, die kugelrunden Teigklumpen einschießen.

„Einschießen", ja, das war der Ausdruck dafür. Ich vermute, die Mutter hat während des Einschießens allemal ein heiliges Gelöbnis gemacht: einen Rosenkranz extra will sie beten, oder einem Bettler will sie ein besonders großes Stück Brot schenken, wenn's gelingt. Denn wie ich schon angedeutet – allemal gelang es nicht.

Einigemal lieferte uns der Ofen etwas besonders Gutes. Ein strudelartig breit und dünn ausgewalzter Teig wurde in den heißen Ofen geschossen; nach einiger Zeit kam die Platte heraus, hatte eine bräunliche Farbe und war hart und spröde wie Glas. Schon das war fein zu knuspern. Nun kam aber die Mutter, zerkleinerte mit dem Nudelwalker knatternd diese Scheibe aus Mehl, tat die Splitter in eine Pfanne, wo sie geschmort und geschmälzt wurden. Das war hernach ein Essen! Scharlbrot wurde es genannt. Ich habe diese ganz eigenartig wohlschmeckende Speise sonst nirgends wiedergefunden, möchte aber gerne ihren und ihres Namens Ursprung wissen.

Der Ofen hatte auch noch andere Verpflichtungen: er dörrte das Korn, bevor es in die Mühle kam. Denn da oben im Gebirge will's nicht recht trocknen, und so musste das Korn auf den heißen Boden hinein, wo es mit dem langstieligen Krücklein fortwährend umgerührt ward. Desgleichen dörrten wir im Ofen auch das „Hablam" (trockene Blüten- und Samenabfälle des Heues), aus welchem ein sehr geschätztes Mehl für Mastvieh bereitet wurde. Auch Kirschen, Heidelbeeren und Schwämme machte uns die Ofenhitze solchermaßen tauglich zum Aufbewahren für den Winter. „Die ausgetrockneten Früchte halten länger als die vollsaftigen!", sagte das steinalte und spindeldürre Everl, als die junge Martel auf der Bahre lag.

Das Everl dachte dabei vielleicht an die schwere, heiße Lebenszeit, die es ausgetrocknet und gedörrt hatte, wie der Ofen die Pflaume.

Einmal – und das ist's, was ich eigentlich erzählen will – spielte es sich, als sollte in unserem großen Ofen auch Fleisch gebraten werden.

So um Allerheiligen herum war ein junger, schlankgewachsener Vagabund zu uns gekommen. Ich weiß nur noch, dass er sehr lange Beine hatte und im Gesicht eine platte Nase und darunter eine Hasenscharte. Er schien soviel als erwachsen, hatte aber das Stimmlein wie ein Knabe. Und mit diesem Stimmlein fragte er ganz hell und grell meinen Vater, ob er über den Winter dableiben dürfe?

„Das ledige Herumzigeunern ist halt nur im Sommer lustig", antwortete ihm mein Vater. „Nun, wenn du dreschen willst, so kannst bleiben. Kost und Liegestatt wirst dir doch verdienen."

Der Bursche war nicht blöde, tat gleich, als ob er bei uns zu Hause wäre, und beim Nachtmahl erzählte er laut, dass er vor kurzem in einer Gegend gewesen sei, wo es ein sehr gutes Essen gab: das Kraut wäre gezuckert gewesen, der Sterz mit Wein geschmalzen, und die Knödel wären durch und durch schwarz gewesen vor lauter Weinbeerln. Darob wurde der Junge ausgelacht, und unser Stallknecht sagte: die Sachen wären ja nicht zuwider, aber anders gemischt müssten sie sein: zum Sterz die Weinbeerln, zum Wein der Zucker und zu den Knödeln das Kraut. Hernach sagte der Kaunigl – so nannte sich der Bursche mit seinem Kinderstimmlein –, er habe auch schon Schwabenkäfer in zerlassener Butter gegessen, die seien sehr gut, worauf ihm mein Vater den Rat gab, er solle still sein.

Nach dem Essen, als kaum das letzte Kreuz gemacht war, zog der Kaunigl ein Büschel Spielkarten aus der Hosentasche, mischte es mit kundiger Hand, warf für drei Personen ein Spiel aus und blickte erstaunt umher, ob denn keiner mittun wolle? Ich lugte hin nach den leichtgeschweiften Karten mit dem geechelten Rücken und den bunten Figuren, die der Kaunigl so glatt abzulegen und so schön pfauenradförmig in der Hand zu halten

wusste. Ich wollte schon anbeißen, da fuhr der Vater drein: „Weg mit den Karten! Morgen ist der Armenseeltag! Denkts aufs Beten!"

Am nächsten Tag, während der Vater in der Kirche war, saßen wir, der Kaunigl und ich, in der Flachskammer und spielten Karten. Ich musste erst die Blätter kennenlernen, aber merkwürdigerweise wurde ich mit den zweiunddreißig Kartenfiguren viel leichter vertraut als ein Jahr vorher mit den vierundzwanzig Buchstaben. Leider kam die Mutter um einen Rocken für ihr Spinnrad, sie verdarb alles.

„Aber, Buben!", sagte sie, „derbarmen euch die armen Seelen nicht, dass ihr so was treibt am heutigen Tag?"

Wir verzogen uns. Aber der Hasenschartige hatte mir's schon angetan. Er wusste und konnte allzu viele merkwürdige Sachen, die noch dazu verboten waren!

An einem der nächsten Tage hockten wir im Heustadl auf einem Futterhaufen und spielten wieder Karten. Ich hatte solche Fortschritte gemacht, dass mir nicht bloß die Figuren, sondern auch schon sehr viele Spiele bekannt waren. So taten wir „zwicken", „brandeln", „mauscheln", „bettlerstrafen", „königrufen", „grün' Buben suchen", „pechmandeln", „mariaschen" und anderes. Weil kein Tisch war, so legten wir die Karten aufs Knie, zwickten sie zwischen die Beine, und der Kaunigl steckte seine Trümpfe sogar einmal in die Hasenscharte.

Keuchte jählings das alte Everl die Leiter herauf. Wir verhielten uns im dunklen Raum mäuschenstill, aber sie hatte uns doch bemerkt.

„Buben", rief sie, „was tut's denn, Buben?"

„Beten", gab der Kaunigl zur Antwort.

„Ja, beten! Mit des Teufels Gebetbuch, gelt?", rief das Weiblein. „Wisst ihr es nit, dass der Vater das Kartenspielen nit leiden mag? Wird euch schön sauber der Schwarze bei den Füßen packen und in die Höll hinabschleifen." Somit war's mit dem Spiel wieder aus. In die Höll hinabschleifen, das wär so etwas!

Am nächsten Sonntag machte der Kaunigl den Vorschlag, dass ich mit ihm in den Schachen hinausginge, damit wir bei unserer Unterhaltung endlich einmal Ruh hätten. Aber es regnete, und es schneite, und es ging ein kalter Wind, also dass ich der Einladung nicht nachkam. Ob ich aus Papier wäre? piepste hierauf der Kaunigl, dass ich fürchten müsse, vom bisserl Regen aufgeweicht zu werden und auseinanderzufallen! Im Wassergraben habe er seiner Tage am besten geschlafen, und so wie er schwarze Erde mit Brennnesseln esse, wenn er sonst nichts habe, so wolle er sich in Ermangelung eines Bettzeuges nackend in den Schnee einwickeln, und ich solle lieber in der Mutter ihren Kittel hineinschliefen. Aber schon an demselben Nachmittag kam der Kaunigl mit etwas anderem, was ich in der Lage war anzunehmen. Die Stube war besetzt vom Vater, der an der Wanduhr etwas zu basteln hatte, und von den Knechten, die ihre Schuhe nagelten. In den übrigen Winkeln des Hauses war es auch nicht sicher, also in den Ofen hinein! In demselben war ein Holzstößlein geschichtet, wir krochen hinter das Stößlein. Nachdem der Kaunigl den Deckel des Ofenloches zugezogen hatte, zündete er die mitgebrachte Kerze an, tat die Karten hervor, und wir huben an. Gemütlicheres gibt's gar nicht auf der Welt, als in einem großen Kachelofen bei Kerzenbeleuchtung „brandeln" oder „zwicken" oder „mariaschen". Die rötlich gebrannte Mauer, die schwarzen Kachelhöhlen um und über uns bargen und hüteten uns, und nun waren wir doch einmal sicher und konnten „farbeln" und „mauscheln" oder was wir wollten, bis in die späte Nacht hinein. Durch die Kacheln von der Stube her hörten wir ein Surren; sie taten Rosenkranz beten, der Kaunigl warf die Blätter auf ein „brandeln". Wir spielten um Geld. Gewann er, so blieb ich schuldig, gewann ich, so blieb er schuldig. Es soll keine größere Ehrlosigkeit geben, als Spielschulden nicht zahlen.

Lieber Leser, so einer bin ich! – Just hatte ich wieder ein schönes Blatt in der Hand: zwei Könige und drei Säue und den Schellenschneider,

der Trumpf war – da klirrte plötzlich der blecherne Ofentürdeckel. Das Licht war sofort ausgeblasen, und wir verhielten uns still wie zwei tote Maulwürfe. Jetzt geschah etwas Unvorhergesehenes, etwas Schreckliches. Vor dem Ofenloch stand das gedörrte Everl und fuhr mit einer Spanlunte herein in den Holzstoß, der zwischen uns und dem Ausgang war. Die Flammen leckten an den Scheiten hinauf. Ich zwischen durch und mit einem kreischenden Schrei hinaus, dass das alte Everl vor Schreck in den Herdwinkel fiel. Dem Kaunigl ging's nicht so gut, dem spießten sich die langen Beine, er konnte zwischen Wand und Scheiterstoß nicht sofort heraus, der Rauch verschlug ihm den Atem, und schon hörte man nichts von ihm.

„Der Kaunigl ist drinnen!", schrie ich wie verzweifelt; da wurde mit dem Sterkrampen der brennende Holzstoß, Scheit um Scheit, herausgerissen auf den Herd, und schließlich wurde mit demselben Krampen ein Häuflein Mensch herausgezogen, das ganz zusammengekauert war wie eine versengte Raupe und dessen Kleider bereits an mehreren Stellen rauchten. Zwei Schöpfwannen Wasser goss ihm das Everl ins Gesicht, da wurde der Kaunigl wieder lebendig.

Als jetzt auch einige Spielkarten zum Vorschein kamen, so kannte sich das Everl gleich aus.

„Was hab ich denn gesagt, Buben!" so redete sie, „hab ich nicht gesagt, ihr kommt's mit dem verflixten Teufelszeug in die Höll? Im Fegefeuer seid's nun schon gewesen."

Mein Vater wollte den Burschen davonjagen, tat's aber nicht, weil der Bursche nicht darauf gewartet hat. Wo der Kaunigl anders zugesprochen, das weiß ich nicht; jedenfalls konnte er eine neue Erfahrung zum besten geben: er hatte nicht allein Schwabenkäfer in zerlassener Butter gegessen, in Wassergräben geschlafen, sich nackend in Schnee gewickelt, er hatte auch im Feuerofen Karten gespielt.

Mir war von diesem Tag an der alte, große Ofen auf lange nicht geheuer; mit seinen grünen Augen schaute er mich drohend an: Bübel, wirst noch einmal Karten spielen, während die anderen beten?!

Erst als ich wieder brav geworden war, ganz ordentlich und fleißig, blickte mich der Ofen neuerdings freundlich an, und es war wieder so heimlich bei ihm wie früher. Später sind seine guten Augen erblindet, dann ist er in sich zusammengesunken wie ein Urgroßmütterlein, und heute geht's ihm, wie es bald allen ergehen wird – nichts mehr übrig als ein Häufchen Lehm.

Peter Rosegger

November

November

Solchen Monat muss man loben;
keiner kann wie dieser toben,
keiner so verdrießlich sein,
und so ohne Sonnenschein!
Keiner so in Wolken maulen,
keiner so mit Sturmwind graulen!
Und wie nass er alles macht!
Ja, es ist 'ne wahre Pracht.

Seht das schöne Schlackerwetter!
Und die armen welken Blätter,
wie sie tanzen in dem Wind
und so ganz verloren sind!
Wie der Sturm sie jagt und zwirbelt
und sie durcheinanderwirbelt
und sie hetzt ohn' Unterlass;
Ja, das ist Novemberspaß!

Und die Scheiben, wie sie rinnen!
Und die Wolken, wie sie spinnen
ihren feuchten Himmelstau
ur und ewig, trüb und grau!
Auf dem Dach die Regentropfen:
wie sie pochen, wie sie klopfen!
und an jeder Traufe hängt
Trän' an Träne dicht gedrängt.

O, wie ist der Mann zu loben,
der solch unvernünft'ges Toben
schon im Voraus hat bedacht
und die Häuser hoh! gemacht!
So dass wir im Trocknen hausen
und mit stillvergnügtem Grausen
und in wohlgeborgner Ruh
solchem Gräuel schauen zu!

Heinrich Seidel

Nachher

„Und jetzt, liebe Kinder, müsst ihr schlafen gehen", sagte die Gräfin.

Die drei Kinder, zwei Mädchen und ein Knabe, standen auf und umarmten ihre Großmutter.

Dann sagten sie dem Herrn Pfarrer gute Nacht, der im Schloss zu Abend gegessen hatte, wie er das jeden Donnerstag tat.

Abbé Maudit setzte zwei der Kinder auf seine Knie, legte die langen Arme in den schwarzen Ärmeln hinter den Hals der Kinder, schob mit väterlicher Geste die beiden Köpfe zusammen und küsste sie mit einem langen, zärtlichen Kuss auf die Stirnen.

Dann stellte er sie wieder auf den Boden, und die Kleinen verzogen sich, der Knabe voran, die Mädchen hinter ihm her.

„Sie lieben Kinder, Herr Pfarrer", sagte die Gräfin.

„Sehr, Madame."

Die alte Frau richtete die klaren Augen auf den Geistlichen.

„Und ... Ihre Einsamkeit hat Sie nie allzu sehr belastet?"

„Doch, manchmal."

Er verstummte; dann fuhr er fort: „Aber ich war für das normale Leben nicht geschaffen."

„Was wissen Sie davon?"

„Oh, ich weiß es sehr gut. Ich war geschaffen, um Priester zu sein, und ich bin meiner Berufung gefolgt."

Noch immer sah die Gräfin ihn an.

„Nun, Herr Pfarrer, sagen Sie mir, wie Sie sich dazu entschlossen haben, auf all das zu verzichten, was uns das Leben liebenswert macht, uns anderen Menschen, alles, was uns tröstet, uns aufrechterhält. Was hat Sie dazu gedrängt, Sie bestimmt, von dem großen, natürlichen Weg ab-

zuweichen, von Ehe und Familie? Sie sind weder überspannt, noch schwermütig, noch trübsinnig, noch ein Fanatiker. Ist es ein Ereignis, ein Leid, das Sie dazu gebracht hat, die ewigen Gelübde zu tun?"

Abbé Maudit stand auf und trat ans Feuer, dann hielt er seine groben Landpfarrerschuhe gegen die Flammen. Noch immer schien er mit seiner Antwort zu zaudern.

Er war ein großer alter Mann mit weißem Haar, der seit zwanzig Jahren über die Gemeinde Saint-Antoinne-du-Rocher wachte. Die Bauern sagten von ihm: „Das ist einmal ein braver Mann!"

Und er war wirklich ein braver Mann, wohlwollend, freundlich, mild und vor allem großherzig. Wie der heilige Martin hätte er seinen Mantel entzweigeschnitten. Er lachte gern, weinte aber auch irgendeiner Nichtigkeit wegen wie eine Frau, und das schadete ihm sogar ein wenig vor dem harten Sinn der Landleute.

Die alte Comtesse de Saville, die sich, als ihr Sohn und ihre Schwiegertochter hintereinander gestorben waren, auf ihr Schloss zurückgezogen hatte, um ihre Enkel aufzuziehen, hing sehr an ihrem Geistlichen und sagte von ihm: „Er hat Herz!"

Jeden Donnerstag kam er und verbrachte den Abend bei der Schlossfrau von Rocher, und die beiden hatten sich durch die solide, offenherzige Freundschaft von Greisen areinandergebunden. Sie verstanden einander in allen

Dingen fast auf ein halbes Wort, denn sie waren beide gütig, hatten die schlichte Güte einfacher, sanfter Menschen.

Sie gab nicht nach. „Nun, Herr Pfarrer, diesmal sind Sie an der Reihe zu beichten!"

Er wiederholte: „Ich war nicht für das Leben aller Welt geschaffen. Dessen bin ich mir glücklicherweise zur rechten Zeit bewusst geworden, und ich habe sehr oft festgestellt, dass ich mich nicht geirrt hatte.

Meine Eltern, Kurzwarenhändler in Verdiers und recht wohlhabend, hatten großen Ehrgeiz für mich. Sehr jung wurde ich ins Pensionat gesteckt. Man weiß gar nicht, was ein Kind in einer Schule durch die bloße Tatsache der Absonderung, der Einsamkeit leiden kann. Dieses einförmige Leben ohne jede Zärtlichkeit ist für die einen gut, für die anderen abscheulich. Die kleinen Geschöpfe haben häufig ein Herz, das empfindlicher ist, als man glaubt, und dadurch, dass man sie zu früh von jenen trennt, an denen sie hängen, kann man im Übermaß eine Empfindsamkeit entwickeln, die sich steigert, die krankhaft und gefährlich wird. Ich spielte nicht, ich hatte keine Kameraden, ich verbrachte meine Stunden damit, dem Elternhaus nachzutrauern, ich weinte nachts in meinem Bett, ich zerbrach mir den Kopf, um Erinnerungen von daheim wiederzuentdecken, unbedeutsame Erinnerungen an kleine Dinge, kleine Geschehnisse.

Ununterbrochen dachte ich an all das, was ich zu Hause gelassen hatte. Ich wurde nach und nach so übersteigert, dass die winzigsten Widrigkeiten für mich zu furchtbaren Leiden wurden.

Und bei all dem blieb ich schweigsam, verschlossen, konnte mich nicht mitteilen, hatte keine Vertrauten. Dieser Vorgang einer geistigen Überreiztheit vollzog sich dunkel und unausweichlich. Die Nerven der Kinder sind rasch erregt; man sollte darüber wachen, dass sie in tiefstem Frieden leben, bis ihre Entwicklung beinahe vollendet ist. Wer aber denkt daran, dass für manche Schüler etwa eine ungerechte Strafe einen ebenso großen Schmerz bedeuten kann, wie es später der Tod eines Freundes sein wird? Wer gibt genau Rechenschaft darüber, dass gewisse junge Seelen um eines Nichts willen in furchtbare Wallung geraten und binnen kurzem zu kranken, unheilbaren Seelen werden?

Das war mein Fall; diese Neigung zu leiden entwickelte sich in mir derart rasch, dass mein ganzes Dasein zu einem Martyrium wurde.

Ich sagte das nicht, ich sagte gar nichts; aber nach und nach stellte sich bei mir eine Empfindsamkeit oder vielmehr eine Empfindlichkeit ein, die so heftig wurde, dass meine Seele einer offenen Wunde glich. Alles, was sie berührte, erzeugte in ihr Spannungen des Leidens, furchtbare Erschütterungen und in der Folge wahre Verheerungen.

Glücklich die Menschen, welche die Natur mit Gleichgültigkeit gegürtet und mit Stoizismus gewappnet hat!

Ich wurde sechzehn. Aus dieser Eigenschaft, an allem zu leiden, war bei mir eine übertriebene Schüchternheit entstanden. Ich fühlte mich gegen alle Angriffe des Zufalls oder des Schicksals unbewehrt, ich fürchtete mich vor jeder Beziehung, jeder Annäherung, jedem Ereignis. Ich lebte in Angst wie unter der ständigen Drohung eines unbekannten und stets erwarteten Unheils. Ich wagte nicht, vor Menschen zu sprechen, mich zu regen. Ich hatte das Gefühl, das Leben sei eine Schlacht, ein furchtbarer Kampf, in dem man grauenhafte Schläge, schmerzliche, tödliche Wunden empfängt. Statt wie alle Menschen die glückliche Hoffnung auf ein Morgen zu nähren, hegte ich nur eine wirre Furcht davor, und ich fühlte in mir ein Verlangen, mich zu verbergen, dem Kampf zu entgehen, darin ich besiegt und getötet wurde.

Nachdem ich meine Studien beendet hatte, gab man mir sechs Monate Urlaub, um eine Laufbahn zu wählen. Ein recht einfaches Ereignis ließ mich mit einem Schlage klar sehen, offenbarte mir den krankhaften Zustand meiner Seele, ließ mich die Gefahr begreifen und bestimmte mich, vor ihr zu fliehen.

Verdiers ist eine kleine Stadt, umgeben von Ebenen und Wäldern. In der Hauptstraße stand das Haus meiner Eltern. Ich verbrachte jetzt meine Tage fern von diesem Heim, dem ich so nachgetrauert, nach dem ich mich so zurückgesehnt hatte. Träume waren in mir wach geworden, und ich wanderte allein durch die Felder, um diese Träume entfliehen, entfliegen zu lassen.

Mein Vater und meine Mutter gingen völlig in ihrem Geschäft auf und machten sich Sorgen um meine Zukunft; sie sprachen nur von ihrem Handel und meinen möglichen Plänen. Sie liebten mich als erdgebundene Menschen mit praktischem Sinn; sie liebten mich mit ihrer Vernunft weit mehr als mit ihrem Herzen; ich lebte in meine Gedanken eingemauert und erbebte in meiner ewigen Unrast.

Nun, eines Abends, nach einem langen Spaziergang, bemerkte ich, als ich mit schnellen Schritten heimging, um nicht zu spät zu kommen, einen Hund, der auf mich zugaloppierte. Er war eine Art rötlicher Spaniel; er war sehr mager und hatte lange, kraushaarige Ohren.

Als er zehn Schritte von mir entfernt war, machte er halt. Und das tat ich auch. Und da begann er mit dem Schweif zu wedeln, und näherte sich mir mit kleinen Schritten, mit ängstlichen Bewegungen des ganzen Körpers, sank in den Pforten ein, als wolle er mich anflehen, und bewegte den Kopf sachte hin und her. Ich rief ihn. Da machte er Miene, so demütig, so traurig, so bittend, auf mich zuzukriechen, dass ich die Tränen in den Augen spürte. Ich ging auf ihn zu, er wich zurück, dann kam er wieder und ich kniete nieder und versuchte ihn mit schmeichelnden Gebärden heranzulocken. Schließlich war er in Reichweite meiner Hand, und ganz sanft, mit unendlicher Behutsamkeit streichelte ich ihn.

Da fasste er Mut, richtete sich ein wenig auf. Legte mir die Pfoten auf die Schultern und begann mir das Gesicht zu lecken. Und er folgte mir bis zum Haus.

Das war tatsächlich das erste Wesen, das ich leidenschaftlich liebte, weil es meine Zärtlichkeit erwiderte. Meine Neigung zu diesem Tier war gewiss übertrieben und lächerlich. Unklar hatte ich das Gefühl, als wären wir zwei Brüder, auf dieser Erde verloren, einer wie der andere ebenso einsam und wehrlos. Er verließ mich nicht mehr, schlief am Fußende meines Bettes, aß bei Tisch, obgleich es meinen Eltern missfiel, und folgte mir auf meinen einsamen Wanderungen.

Häufig machte ich am Rand eines Grabens halt und setzte mich ins Gras. Dann lief Sam, mein Hund, zu mir, lagerte sich neben mich oder auf meine Knie und hob mit der Spitze seiner Schnauze meine Hand, um sich streicheln zu lassen.

Eines Tages, gegen Ende Juni, als wir auf der Straße von Saint-Pierre-de-Chavrol waren, sah ich den Postwagen von Ravereau kommen. Er rollte im Galopp seiner vier Pferde heran mit seinem gelben Kasten und der schwarzen Lederhaube über dem Verdeck. Der Kutscher ließ seine Peitsche knallen, ein Staubwirbel erhob sich unter den Rädern des schweren Wagens und schwebte dann wie eine Wolke hinterher.

Und plötzlich, als der Wagen auf mich zukam, warf sich Sam, vielleicht durch den Lärm erschreckt und um zu mir zu fliehen, ihm entgegen. Der Huf eines Pferdes streckte ihn nieder; ich sah ihn rollen, sich erheben, auf alle viere zusammenbrechen, dann wurde die ganze Postkutsche zweimal heftig gerüttelt, und hinter ihr gewahrte ich im Staub etwas, das sich auf der Straße regte [...] Er versuchte, sich aufzurichten, zu kriechen, doch nur die beiden Vorderpfoten konnten sich rühren und kratzten den Boden; die beiden anderen waren schon tot. Wenige Minuten später starb er.

Ich kann nicht ausdrücken, was ich empfand und wie ich litt. Einen ganzen Monat blieb ich in meinem Zimmer.

Nun, eines Abends schrie mein Vater wütend, weil er mich eines so geringen Anlasses wegen in diesem Zustand sah: „Wie wird das werden, wenn du einen wirklichen Kummer haben wirst! Wenn du deine Frau, deine Kinder verlierst! So töricht darf man nicht sein!"

Dieses Wort haftete mir von jenem Tag an im Kopf und verfolgte mich: „Wie wird das werden, wenn du einen wirklichen Kummer haben wirst! Wenn du deine Frau, deine Kinder verlierst!"

Und ich begann klar in mir zu sehen. Ich begriff, warum all die kleinen Jämmerlichkeiten des Alltags in meinen Augen zu der Bedeutung von

Katastrophen wuchsen; ich erkannte, dass ich geschaffen war, um an allem furchtbar zu leiden, um alle schmerzlichen Eindrücke, durch meine krankhafte Empfindlichkeit vervielfacht, zu spüren, und eine entsetzliche Angst vor dem Leben packte mich. Ich hatte keine Leidenschaften, keinen Ehrgeiz; und so beschloss ich, die möglichen Freuden zu opfern, um den unvermeidlichen Schmerzen zu entgehen.

Das Dasein ist kurz, ich werde es im Dienste der anderen Menschen verbringen, um ihr Leid zu lindern, ihr Glück zu teilen, sagte ich mir. Da ich weder das eine noch das andere unmittelbar empfinde, werde ich die daraus entstehenden Gefühle nur abgeschwächt empfangen.

Und wenn Sie wüssten, wie sehr das Elend mich dennoch foltert, wie es mich quält! Doch was für mich eine unerträgliche Qual gewesen wäre, ist zu Mitleid, zu Erbarmen geworden.

Die Schmerzen, die ich in jedem Augenblick erlebe, ich hätte sie nicht ertragen, wenn sie auf mein eigenes Herz eingedrungen wären. Ich hätte keines meiner Kinder sterben zu sehen vermocht, ohne selber zu sterben. Und trotz allem habe ich eine so dunkle, tiefbohrende Angst vor den Ereignissen bewahrt, dass der Anblick des Briefträgers, der bei mir eintritt, mir Tag für Tag einen Schauder durch die Adern jagt; und ich habe doch jetzt nichts mehr zu befürchten."

Abbé Mauduit schwieg. Er schaute in das Feuer des großen Kamins, als wollte er darin geheimnisvolle Dinge sehen, all das Unbekannte des Daseins, das vielleicht sein Dasein geworden wäre, wenn er mehr Mut zum Leben gehabt hätte.

Mit leiserer Stimme sagt er dann: „Ich hatte recht gehabt. Ich war nicht für diese Welt geschaffen."

Die Gräfin sagte nichts; schließlich, nach langem Schweigen, erklärte sie: „Ich? Wenn ich nicht meine Enkel gehabt hätte, ich glaube, dass ich auch nicht mehr den Mut zu leben besäße."

Und der Pfarrer stand auf, ohne ein Wort zu sagen. Da die Dienstboten in der Küche dösten, begleitete sie ihn selbst zur Türe, die in den Garten führte, und sie sah, wie sein großer, träger Schatten, den der Widerschein einer Lampe erhellte, in die Nacht eintauchte.

Dann kehrte sie zurück, setzte sich vor das Feuer und dachte an so manche Dinge, an die man nicht denkt, wenn man jung ist.

Guy de Maupassant

Nachher

Novembertag

Nebel hängt wie Rauch ums Haus,
drängt die Welt nach innen;
ohne Not geht niemand aus;
alles fällt in Sinnen.

Leiser wird die Hand, der Mund,
stiller die Gebärde.
Heimlich, wie auf Meeresgrund
träumen Mensch und Erde.

Christian Morgenstern

Novembertag

Nachmittag

Sonne, herbstlich dünn und zag,
und das Obst fällt von den Bäumen.
Stille wohnt in blauen Räumen
einen langen Nachmittag.

Dämmerung voll Ruh und Wein;
traurige Gitarren rinnen.
Und zur milden Lampe drinnen
kehrst du wie im Traume ein.

Georg Trakl

Abgeschnitten von der Welt

Es war nun Spätherbst, alle Zugvögel hatten uns verlassen, nur dürre Blätter flogen am Boden vor den Novemberwinden und hoch oben graue Wolken, deren stürmisches Ziehen tagelang kein Ende nahm. Eine verspätete Biene, ein erstarrter Käfer, das waren die Lebensspuren draußen. Umso lebendiger regte es sich in meinem Innern. Wind und Wetter störten mich nicht in meinen wandernden Gedanken, stauten sie nur zu größerer Tiefe auf.

Wenn es regnete „was vom Himmel herunterkann", wenn es „mit Bütten schüttete", wenn der Witzbold fragte: „Ist denn schon Quatember, dass der liebe Herrgott all seine Stockfische wässert?", wenn die Bäche rechts und links vom Hause anschwollen und sich schlammig gelb färbten, wenn auf die Brücke die Bächlein von der Straße hin und über ihre niedre Mauer weg die Bäche in den Bach stürzten, wenn sich keine Katze, geschweige denn ein Mensch, ins Freie wagte, und der böseste Hofhund sein Haus nicht mehr verließ, mochte um ihn passieren, was da wollte, kurz, wenn eine neue Sündflut einzubrechen drohte, da fühlten wir uns zwar abgeschnitten von der Welt, da wurden wir zu Insulanern, die ihre wasserumflutete Insula fortunata in diesem Augenblick um kein Königreich der Welt vertauschen mochten.

Da fing zwar das Leben in und um uns an zu ebben, aber durch den dünnen Schleier der Wirklichkeit, die allein noch blieb, schimmerte es jetzt wie von einer andern Welt, die bisher übersehen, überhört worden war.

Es ist so still, die Stürme haben uns verlassen, die Wolken sind fortgezogen, man hört die Zeit verrinnen, die Sterne singend ihre Bahn ziehn.

Friedrich Ratzel

Dämmerstündchen

Dämmerstündchen

Dämmerstündchen im frostigen Winter,
Dämmerstündchen im traulichen Stübchen …
Wenn da draußen über den harten
knarrenden Schnee ein kragenvermummter
Mann mit dampfendem Atem eilt,
Ohren und Nase rotgezwickt …
Wolkg umhüllt, mit Schnauben und Stampfen
ziehn zwei Pferde den wuchtigen Wagen …
Und der Schusterjunge im Schurzfell
trabt und haucht in die klamme Hand …
Rötlich strahlt die Straßenlaterne;
über dem schneebelasteten Hausdach
blinzelt der Abendstern.

Dämmerstündchen im frostigen Winter,
Dämmerstündchen im traulichen Stübchen …
Wärme strahlt der gewaltige Ofen,
muntre Flammen durchäugeln den Spalt;
und ich dehne behaglich die Glieder,
lausche dem lieblich summenden Singsang
des melodisch sinnigen Kessels;
Hitzig brät indessen der Apfel,
den lieb Mütterchen mir verehrte.
Fernher klingelt ein Schlitten – fernhin;
Und die ruhige Seele träumt.

Bruno Wille

Das Bettelweib von Locarno

Am Fuße der Alpen, bei Locarno im oberen Italien, befand sich ein altes, einem Marchese gehöriges Schloss, das man jetzt, wenn man vom St. Gotthard kommt, in Schutt und Trümmern liegen sieht: Ein Schloss mit hohen und weitläufigen Zimmern, in deren einem einst, auf Stroh, das man ihr unterschüttelte, eine alte, kranke Frau, die sich bettelnd vor der Tür eingefunden hatte, von der Hausfrau aus Mitleiden gebettet worden war.

Der Marchese, der, bei der Rückkehr von der Jagd, zufällig in das Zimmer trat, wo er seine Büchse abzusetzen pflegte, befahl der Frau unwillig, aus dem Winkel, in welchem sie lag, aufzustehen und sich hinter den Ofen zu verfügen. Die Frau, da sie sich erhob, glitschte mit der Krücke auf dem glatten Boden aus und beschädigte sich, auf eine gefährliche Weise, das Kreuz; dergestalt, dass sie zwar noch mit unsäglicher Mühe aufstand und quer, wie es vorgeschrieben war, über das Zimmer ging, hinter dem Ofen aber, unter Stöhnen und Ächzen, niedersank und verschied.

Mehrere Jahre nachher, da der Marchese, durch Krieg und Misswachs, in bedenkliche Vermögensumstände geraten war, fand sich ein florentinischer Ritter bei ihm ein, der das Schloss, seiner schönen Lage wegen, von ihm kaufen wollte.

Der Marchese, dem viel an dem Handel gelegen war, gab seiner Frau auf, den Fremden in dem oben erwähnten leer stehenden Zimmer, das sehr schön und prächtig eingerichtet war, unterzubringen.

Aber wie betreten war das Ehepaar, als der Ritter mitten in der Nacht, verstört und bleich, zu ihnen herunterkam, hoch und teuer versichernd, dass es in dem Zimmer spuke, indem etwas, das dem Blick unsichtbar gewesen, mit einem Geräusch, als ob es auf Stroh gelegen, im Zimmerwinkel aufgestanden, mit vernehmlichen Schritten, langsam und gebrechlich, quer über das Zimmer gegangen und hinter dem Ofen, unter Stöhnen und Ächzen, niedergesunken sei.

Der Marchese, erschrocken, er wusste selbst nicht recht, warum, lachte den Ritter mit erkünstelter Heiterkeit aus und sagte, er wolle sogleich aufstehen und die Nacht zu seiner Beruhigung mit ihm in dem Zimmer zubringen. Doch der Ritter bat um die Gefälligkeit, ihm zu erlauben, dass er auf einem Lehnstuhl in seinem Schlafzimmer übernachte, und als der Morgen kam, ließ er anspannen, empfahl sich und reiste ab.

Dieser Vorfall, der außerordentliches Aufsehen machte, schreckte auf eine dem Marchese höchst unangenehme Weise mehrere Käufer ab; dergestalt, dass da sich unter seinem Hausgesinde, befremdend und unbegreiflich, das Gerücht erhob, dass es in dem Zimmer zur Mitternachtsstunde umgehe, er, um es mit einem entschiedenen Verfahren niederzuschlagen, beschloss, die Sache in der nächsten Nacht selbst zu untersuchen.

Demnach ließ er, beim Einbruch der Dämmerung, sein Bett in dem besagten Zimmer aufschlagen und erharrte, ohne zu schlafen, die Mitternacht. Aber wie erschüttert war er, als er mit dem Schlage der Geisterstunde das unbegreifliche Geräusch wahrnahm: Es war, als ob ein Mensch sich vom Stroh, das unter ihm knisterte, erhob, quer über das Zimmer ging und hinter dem Ofen unter Geseufz und Geröchel niedersank.

Die Marquise am anderen Morgen, da er herunterkam, fragte ihn, wie die Untersuchung abgelaufen; und da er sich mit scheuen und ungewissen Blicken umsah und, nachdem er die Tür verriegelt, versicherte, dass es mit dem Spuk seine Richtigkeit habe: so erschrak sie, wie sie in ihrem Leben nicht getan, und bat ihn, bevor er die Sache verlauten ließe, sie noch einmal, in ihrer Gesellschaft, einer kaltblütigen Prüfung zu unterwerfen. Sie hörten aber, samt einem treuen Bedienten, den sie mitgenommen hatten, in der Tat in der nächsten

Nacht dasselbe unbegreifliche, gespensterartige Geräusch; und nur der dringende Wunsch, das Schloss, es koste, was es wolle, loszuwerden, vermochte sie, das Entsetzen, das sie ergriff, in Gegenwart ihres Dieners zu unterdrücken und dem Vorfall irgendeine gleichgültige und zufällige Ursache, die sich entdecken lassen müsse, unterzuschieben. Am Abend des dritten Tages, da beide, um der Sache auf den Grund zu kommen, mit Herzklopfen wieder die Treppe zu dem Fremdenzimmer bestiegen, fand sich zufällig der Haushund, den man von der Kette losgelassen hatte, vor der Tür derselben ein; dergestalt, dass beide, ohne sich bestimmt zu erklären, vielleicht in der unwillkürlichen Absicht, außer sich selbst noch etwas Drittes, Lebendiges bei sich zu haben, den Hund mit sich in das Zimmer nahmen.

Das Ehepaar, zwei Lichter auf dem Tisch, die Marquise unausgezogen, der Marchese Degen und Pistolen, die er aus dem Schrank genommen, neben sich, setzten sich, gegen elf Uhr, jeder auf sein Bett; und während sie sich mit Gesprächen, so gut sie vermögen, zu unterhalten suchen, legt sich der Hund, Kopf und Beine zusammengekauert, in der Mitte des Zimmers nieder und schläft ein. Drauf, in dem Augenblick der Mitternacht, lässt sich das entsetzliche Geräusch wieder hören; jemand, den kein Mensch mit Augen sehen kann, hebt sich, auf Krücken, im Zimmerwinkel empor; man hört das Stroh, das unter ihm rauscht; und mit dem ersten Schritt: tapp, tapp! erwacht der Hund, hebt sich plötzlich, die Ohren spitzend, vom Boden empor, und knurrend und bellend, grad ob ein Mensch auf ihn eingeschritten käme, rückwärts gegen den Ofen weicht er aus.

Bei diesem Anblick stürzt die Marquise mit sträubenden Haaren aus dem Zimmer; und während der Marchese, der den Degen ergriffen, „Wer da?" ruft, und da ihm niemand antwortet, gleich einem Rasenden nach allen Richtungen die Luft durchhaut, lässt sie anspannen, entschlossen, augenblicklich nach der Stadt abzufahren. Aber ehe sie noch einige Sachen zusammengepackt und aus dem Tore herausgerasselt, sieht sie schon das Schloss ringsum in Flammen aufgehen.

Der Marchese, von Entsetzen überreizt, hatte eine Kerze genommen und dasselbe, überall mit Holz getäfelt, wie es war, an allen vier Ecken, müde seines Lebens, angesteckt. Vergebens schickte sie Leute hinein, den Unglücklichen zu retten; er war auf die elendiglichste Weise bereits umgekommen, und noch jetzt liegen, von den Landleuten zusammengetragen, seine weißen Gebeine in dem Winkel des Zimmers, von welchem er das Bettelweib von Locarno hatte aufstehen heißen.

Heinrich von Kleist

Am Kamin

Am Kamin

Stürme, Dezember, vor meinem Gemach,
hänge Zapfen von Eis an das Dach;
nichts doch weiß ich vom Froste;
hier am wärmenden, trauten Kamin
ist mir, als ob des Frühlings Grün
rings um mich rankte und sprosste.

All das Gezweig, wie es flackert und flammt,
plaudert vom Walde, dem es entstammt,
redet von seligen Tagen,
als es, durchfächelt von Sommerluft,
Knospen und Blüten voll Glanz und Duft,
grünende Blätter getragen.

Stürme denn, Winter, eisig und kalt!
An den Kamin herzaubert den Wald
mir der Flammen Geknister,
bis ich bei Frühlingssonnenschein
wieder im goldgrün schimmernden Hain
lausche dem Elfengeflüster.

Adolf Friedrich von Schack

Der Bratapfel

Der Bratapfel

Kinder, kommt und ratet,
was im Ofen bratet!
Hört, wie's knallt und zischt.
Bald wird er aufgetischt,
der Zipfel, der Zapfel, der Kipfel,
der Kapfel, der gelbrote Apfel.

Kinder, lauft schneller,
holt einen Teller,
holt eine Gabel!
Sperrt auf den Schnabel
für den Zipfel, den Zapfel,
den Kipfel, den Kapfel,
den goldbraunen Apfel!

Sie pusten und prusten,
sie gucken und schlucken,
sie schnalzen und schmecken,
sie lecken und schlecken
den Zipfel, den Zapfel,
den Kipfel, den Kapfel,
den knusprigen Apfel.

Volksgut

Schneeweißchen und Rosenrot

Eine arme Witwe, die lebte einsam in einem Hüttchen und vor dem Hüttchen war ein Garten, darin standen zwei Rosenbäumchen, davon trug das eine weiße, das andere rote Rosen; und sie hatte zwei Kinder, die glichen den beiden Rosenbäumchen und das eine hieß Schneeweißchen, das andere Rosenrot.

Sie waren aber so fromm und gut, so arbeitsam und unverdrossen, als je zwei Kinder auf der Welt gewesen sind: Schneeweißchen war nur stiller und sanfter als Rosenrot. Rosenrot sprang lieber in den Wiesen und Feldern umher, suchte Blumen und fing Sommervögel; Schneeweißchen aber saß daheim bei der Mutter, half ihr im Hauswesen oder las ihr vor, wenn nichts zu tun war.

Die beiden Kinder hatten einander so lieb, dass sie sich immer an den Händen fassten, sooft sie zusammen ausgingen; und wenn Schneeweißchen sagte: „Wir wollen uns nicht verlassen", so antwortete Rosenrot: „Solange wir leben nicht", und die Mutter setzte hinzu: „Was das eine hat, soll's mit dem andern teilen."

Oft liefen sie im Walde allein umher und sammelten rote Beeren, aber kein Tier tat ihnen etwas zuleide, sondern sie kamen zutraulich herbei: Das Häschen fraß ein Kohlblatt aus ihren Händen, das Reh graste an ihrer Seite, der Hirsch sprang ganz lustig vorbei und die Vögel blieben auf den Ästen sitzen und sangen, was sie nur wussten.

Kein Unfall traf sie: Wenn sie sich im Walde verspätet hatten und die Nacht sie überfiel, so legten sie sich nebeneinander auf das Moos und schliefen, bis der Morgen kam, und die Mutter wusste das und hatte ihretwegen keine Sorge.

Einmal, als sie im Walde übernachtet hatten und das Morgenrot sie aufweckte, da sahen sie ein schönes Kind in einem weißen, glänzenden Kleidchen neben ihrem Lager sitzen. Es stand auf und blickte sie ganz freundlich an, sprach aber nichts und ging in den Wald hinein.

Und als sie sich umsahen, so hatten sie ganz nahe bei einem Abgrunde geschlafen und wären gewiss hineingefallen, wenn sie in der Dunkelheit noch ein paar Schritte weitergegangen wären. Die Mutter aber sagte ihnen, das müsse der Engel gewesen sein, der gute Kinder bewache.

Schneeweißchen und Rosenrot hielten das Hüttchen der Mutter so reinlich, dass es eine Freude war, hineinzuschauen. Im Sommer besorgte Rosenrot das Haus und stellte der Mutter jeden Morgen, ehe sie aufwachte, einen Blumenstrauß vors Bett, darin war von jedem Bäumchen eine Rose. Im Winter zündete Schneeweißchen das Feuer an und hing den Kessel an den Feuerhaken und der Kessel war von Messing, glänzte aber wie Gold, so rein war er gescheuert.

Abends, wenn die Flocken fielen, sagte die Mutter: „Geh, Schneeweißchen, und schieb den Riegel vor", und dann setzten sie sich an den Herd und die Mutter nahm die Brille und las aus einem großen Buche vor und die beiden Mädchen hörten zu, saßen und spannen; neben ihnen lag ein Lämmchen auf dem Boden und hinter ihnen auf einer Stange saß ein weißes Täubchen und hatte seinen Kopf unter den Flügel gesteckt.

Eines Abends, als sie so vertraulich beisammensaßen, klopfte jemand an die Türe, als wollte er eingelassen sein.

Die Mutter sprach: „Geschwind, Rosenrot, mach auf, es wird ein Wanderer sein der Obdach sucht."

Rosenrot ging und schob den Riegel weg und dachte, es wäre ein armer Mann, aber der war es nicht, es war ein Bär, der seinen dicken schwarzen Kopf zur Türe hereinstreckte. Rosenrot schrie laut und sprang zurück, das Lämmchen blökte, das Täubchen flatterte auf und Schneeweißchen versteckte sich hinter der Mutter Bett.

Der Bär aber fing an zu sprechen und sagte: „Fürchtet euch nicht, ich tue euch nichts zuleid, ich bin halb erfroren und will mich nur ein wenig bei euch wärmen."

„Du armer Bär", sprach die Mutter, „leg dich ans Feuer und gib nur acht, dass dir dein Pelz nicht brennt." Dann rief sie: „Schneeweißchen, Rosenrot, kommt hervor, der Bär tut euch nichts, er meint's ehrlich."

Da kamen sie beide heran und nach und nach näherten sich auch das Lämmchen und Täubchen und hatten keine Furcht vor ihm.

Der Bär sprach: „Ihr Kinder, klopft mir den Schnee ein wenig aus dem Pelzwerk", und sie holten den Besen und kehrten dem Bär das Fell rein; er aber streckte sich ans Feuer und brummte ganz vergnügt und behaglich. Nicht lange, so wurden sie ganz vertraut und trieben Mutwillen mit dem unbeholfenen Gast. Sie zausten ihm das Fell mit den Händen, setzten ihre Füßchen auf seinen Rücken und walkten ihn hin und her oder sie nahmen eine Haselrute und schlugen auf ihn los und wenn er brummte, so lachten sie.

Der Bär ließ sich's aber gerne gefallen, nur wenn sie's gar zu arg machten, rief er: „Lasst mich am Leben, ihr Kinder: Schneeweißchen, Rosenrot, schlägst dir den Freier tot."

Als Schlafenszeit war und die andern zu Bett gingen, sagte die Mutter zu dem Bär: „Du kannst

in Gottes Namen da am Herde liegen bleiben, so bist du vor der Kälte und dem bösen Wetter geschützt."

Sobald der Tag graute, ließen ihn die beiden Kinder hinaus und er trabte über den Schnee in den Wald hinein. Von nun an kam der Bär jeden Abend zu der bestimmten Stunde, legte sich an den Herd und erlaubte den Kindern, Kurzweil mit ihm zu treiben, so viel sie wollten; und sie waren so gewöhnt an ihn, dass die Türe nicht eher zugeriegelt ward, als bis der schwarze Gesell angelangt war.

Als das Frühjahr herangekommen und draußen alles grün war, sagte der Bär eines Morgens zu Schneeweißchen: „Nun muss ich fort und darf den ganzen Sommer nicht wiederkommen."

„Wo gehst du denn hin, lieber Bär?", fragte Schneeweißchen.

„Ich muss in den Wald und meine Schätze vor den bösen Zwergen hüten: Im Winter, wenn die Erde hart gefroren ist, müssen sie wohl unten bleiben und können sich nicht durcharbeiten, aber jetzt, wenn die Sonne die Erde aufgetaut und erwärmt hat, da brechen sie durch, steigen herauf, suchen und stehlen. Was einmal in ihren Händen ist und in ihren Höhlen liegt, das kommt so leicht nicht wieder an des Tages Licht."

Schneeweißchen war ganz traurig über den Abschied und als es ihm die Türe aufriegelte und der Bär sich hinausdrängte, blieb er an dem Türhaken

hängen und ein Stück seiner Haut riss auf und da war es Schneeweißchen, als hätte es Gold durchschimmern gesehen, aber es war sich seiner Sache nicht gewiss. Der Bär lief eilig fort und war bald hinter den Bäumen verschwunden.

Nach einiger Zeit schickte die Mutter die Kinder in den Wald, Reisig zu sammeln. Da fanden sie draußen einen großen Baum, der lag gefällt auf dem Boden und an dem Stamme sprang zwischen dem Gras etwas auf und ab, sie konnten aber nicht unterscheiden, was es war. Als sie näher kamen, sahen sie einen Zwerg mit einem alten, verwelkten Gesicht und einem ellenlangen, schneeweißen Bart. Das Ende des Bartes war in eine Spalte des Baums eingeklemmt und der Kleine sprang hin und her wie ein Hündchen an einem Seil und wusste nicht, wie er sich helfen sollte. Er glotzte die Mädchen mit seinen roten, feurigen Augen an und schrie: „Was steht ihr da! Könnt ihr nicht herbeigehen und mir Beistand leisten?"

„Was hast du angefangen, kleines Männchen?", fragte Rosenrot.

„Dumme, neugierige Gans", antwortete der Zwerg, „den Baum habe ich mir spalten wollen, um kleines Holz in der Küche zu haben; bei den dicken Klötzen verbrennt gleich das bisschen Speise, das unsereiner braucht, der nicht so viel hinunterschlingt wie ihr grobes, gieriges Volk. Ich hatte den Keil schon glücklich hineingetrieben und

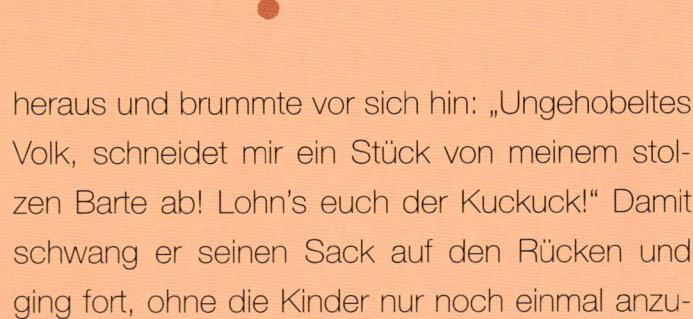

es wäre alles nach Wunsch gegangen, aber das verwünschte Holz war zu glatt und sprang unversehens heraus und der Baum fuhr so geschwind zusammen, dass ich meinen schönen weißen Bart nicht mehr herausziehen konnte; nun steckt er drin und ich kann nicht fort. Da lachen die albernen, glatten Milchgesichter! Pfui, was seid ihr garstig!"

Die Kinder gaben sich alle Mühe, aber sie konnten den Bart nicht herausziehen, er steckte zu fest. „Ich will laufen und Leute herbeiholen", sagte Rosenrot.

„Wahnsinnige Schafsköpfe", schnarrte der Zwerg, „wer wird gleich Leute herbeirufen, ihr seid mir schon um zwei zu viel. Fällt denn euch wirklich nichts Besseres ein?"

„Sei nicht ungeduldig", sagte Schneeweißchen, „ich will schon Rat schaffen", holte sein Scherchen aus der Tasche und schnitt das Ende des Bartes ab. Sobald der Zwerg sich frei fühlte, griff er nach einem Sack, der zwischen den Wurzeln des Baums steckte und mit Gold gefüllt war, hob ihn

heraus und brummte vor sich hin: „Ungehobeltes Volk, schneidet mir ein Stück von meinem stolzen Barte ab! Lohn's euch der Kuckuck!" Damit schwang er seinen Sack auf den Rücken und ging fort, ohne die Kinder nur noch einmal anzusehen.

Einige Zeit danach wollten Schneeweißchen und Rosenrot ein Gericht Fische angeln. Als sie nahe bei dem Bach waren, sahen sie, dass etwas wie eine große Heuschrecke nach dem Wasser zuhüpfte, als wollte es hineinspringen. Sie liefen heran und erkannten den Zwerg.

„Wo willst du hin?", sagte Rosenrot, „du willst doch nicht ins Wasser?"

„Solch ein Narr bin ich nicht", schrie der Zwerg, „seht ihr nicht, der verwünschte Fisch will mich hineinziehen?"

Der Kleine hatte dagesessen und geangelt und unglücklicherweise hatte der Wind seinen Bart mit der Angelschnur verflochten. Als gleich darauf ein großer Fisch anbiss, fehlten dem schwachen Geschöpf die Kräfte, ihn herauszuziehen: Der Fisch behielt die Oberhand und riss den Zwerg zu sich hin. Zwar hielt er sich an allen Halmen und Binsen, aber das half nicht viel, er musste den Bewegungen des Fisches folgen und war in beständiger Gefahr, ins Wasser gezogen zu werden.

Die Mädchen kamen zur rechten Zeit, hielten ihn fest und versuchten, den Bart von der Schnur loszumachen, aber vergebens, Bart und Schnur waren fest ineinander verwirrt.

Es blieb nichts übrig, als das Scherchen hervorzuholen und den Bart abzuschneiden, wobei ein kleiner Teil desselben verloren ging.

Als der Zwerg das sah, schrie er sie an: „Ist das Manier, ihr Lorche, einem das Gesicht zu schänden? Nicht genug, dass ihr mir den Bart unten abgestutzt habt, jetzt schneidet ihr mir den besten Teil davon ab: Ich darf mich vor den Meinigen gar nicht sehen lassen. Dass ihr laufen müsstet und die Schuhsohlen verloren hättet!"

Dann holte er einen Sack Perlen, der im Schilfe lag, und ohne ein Wort weiter zu sagen, schleppte er ihn fort und verschwand hinter einem Stein.

Es trug sich zu, dass bald hernach die Mutter die beiden Mädchen nach der Stadt schickte, Zwirn, Nadeln, Schnüre und Bänder einzukaufen. Der Weg führte sie über eine Heide, auf der hier und da mächtige Felsenstücke zerstreut lagen. Da sahen sie einen großen Vogel in der Luft schweben, der langsam über ihnen kreiste, sich immer tiefer herabsenkte und endlich nicht weit bei einem Felsen niederstieß.

Gleich darauf hörten sie einen durchdringenden, jämmerlichen Schrei. Sie liefen herzu und sahen mit Schrecken, dass der Adler ihren alten Bekannten, den Zwerg, gepackt hatte und ihn forttragen wollte.

Die mitleidigen Kinder hielten gleich das Männchen fest und zerrten sich so lange mit dem Adler herum, bis er seine Beute fahren ließ.

Als der Zwerg sich von dem ersten Schrecken erholt hatte, schrie er mit seiner kreischenden Stimme: „Konntet ihr nicht säuberlicher mit mir umgehen? Gerissen habt ihr an meinem dünnen Röckchen, dass es überall zerfetzt und durchlöchert ist, unbeholfenes und täppsches Gesindel, das ihr seid!"

Dann nahm er einen Sack mit Edelsteinen und schlüpfte wieder unter den Felsen in seine Höhle. Die Mädchen waren an seinen Undank schon gewöhnt, setzten ihren Weg fort und verrichteten ihre Geschäfte in der Stadt.

Als sie beim Heimweg wieder auf die Heide kamen, überraschten sie den Zwerg, der auf einem reinlichen Plätzchen seinen Sack mit Edelsteinen ausgeschüttet und nicht gedacht hatte, dass so spät noch jemand daherkommen würde. Die Abendsonne schien über die glänzenden Steine, sie schimmerten und leuchteten so prächtig in allen Farben, dass die Kinder stehen blieben und sie betrachteten.

„Was steht ihr da und haltet Maulaffenfeil?", schrie der Zwerg und sein aschgraues Gesicht ward zinnoberrot vor Zorn. Er wollte mit seinen Scheltworten fortfahren, als sich ein lautes Brummen hören ließ und ein schwarzer Bär aus dem Walde herbeitrabte. Erschrocken sprang der Zwerg auf, aber er konnte nicht mehr zu seinem Schlupfwinkel gelangen, der Bär war schon in seiner Nähe. Da rief er in Herzensangst: „Lieber Herr Bär, verschont mich, ich will Euch alle meine Schätze geben, sehet, die schönen Edelsteine, die da liegen. Schenkt mir das Leben, was habt Ihr an mir kleinen, schmächtigen Kerl? Ihr spürt mich nicht zwischen den Zähnen. Da, packt die beiden gottlosen Mädchen, das sind für Euch zarte Bissen, fett wie junge Wachteln, die fresst in Gottes Namen."

Der Bär kümmerte sich um seine Worte nicht, gab dem boshaften Geschöpf einen einzigen Schlag mit der Tatze und es regte sich nicht mehr.

Die Mädchen waren fortgesprungen, aber der Bär rief ihnen nach: „Schneeweißchen und Rosenrot, fürchtet euch nicht, wartet, ich will mit euch gehen."

Da erkannten sie seine Stimme und blieben stehen und als der Bär bei ihnen war, fiel plötzlich die Bärenhaut ab und er stand da als ein schöner Mann und war ganz in Gold gekleidet.

„Ich bin eines Königs Sohn", sprach er, „und war von dem gottlosen Zwerg, der mir meine Schätze gestohlen hatte, verwünscht, als ein wilder Bär in dem Walde zu laufen, bis ich durch seinen Tod erlöst würde. Jetzt hat er seine wohlverdiente Strafe empfangen."

Schneeweißchen ward mit ihm vermählt und Rosenrot mit seinem Bruder und sie teilten die großen Schätze miteinander, die der Zwerg in seiner Höhle zusammengetragen hatte. Die alte Mutter lebte noch lange Jahre ruhig und glücklich bei ihren Kindern. Die zwei Rosenbäumchen aber nahm sie mit und sie standen vor ihrem Fenster und trugen jedes Jahr die schönsten Rosen, weiß und rot.

Brüder Grimm

Es schneit
Es schneit

Der erste Schnee, weich und dicht,
die ersten wirbelnden Flocken.
Die Kinder drängen ihr Gesicht
ans Fenster und frohlocken.

Da wird nun das letzte bisschen Grün
leise, leise begraben.
Aber die jungen Wangen glühn,
sie wollen den Winter haben.

Schlittenfahrt und Schellenklang
und Schneebälle um die Ohren!
Kinderglück, wo bist du? Lang,
lang verschneit und erfroren.

Fallen die Flocken weich und dicht,
stehen wir wohl erschrocken,
aber die Kleinen begreifen's nicht,
glänzen vor Glück und frohlocken.

Gustav Falke

Wintergedanken

Alljährlich pflegen wir zu sagen,

dass die Natur ihren Winterschlaf antrete …

Du lieber Gott, und das soll Schlaf sein? …

Eher möchte man sagen, die Natur habe aufgehört,

nach oben zu wachsen, weil sie keine Zeit dafür hat.

Sie krempelt sich nämlich die Ärmel auf und wächst nach unten …

Hier wachsen neue Stängel; von hier bis dort,

in diesen herbstlichen Grenzen drängt das märzliche Leben hervor,

hier unter der Erde wird das große Frühlingsprogramm entworfen.

Karel Čapek

Die Christrose

In der schweigenden Welt,
die der Winter umfangen hält,
hebt sie einsam ihr weißes Haupt;
selber geht sie dahin und schwindet
eh' der Lenz kommt und sie findet,
aber sie hat ihn doch verkündet,
als noch keiner an ihn geglaubt.

Johannes Trojan

Die Fähre

Judith hängte einen Stechpalmenzweig auf und schaute sich dann nach einer weiteren Stelle um. Sie hatte immer noch ein riesiges Bündel Zweige, aber im Haus war kein Fleck mehr frei. Sie trug den kratzenden, raschelnden Arm voll auf die Veranda und machte daraus eine Art beerenbehangenes Nest, das auf Besucher hoffentlich anheimelnd und einladend wirkte.

Als das getan war, ging sie einen Augenblick hinaus und betrachtete verzückt das Haus. Sie hatten es erst seit vierzehn Tagen, und es erschien immer noch kaum glaublich – hier zu sein neben dem weiten, schimmernden Wasser, über dem die Möwen klagend schrieen, statt in einer Mietskaserne in einem staubigen, engen Vorort zu wohnen, wo Ken jeden Morgen den Zug um acht Uhr dreißig erwischen musste. Wie eine nicht sehr große Erbschaft doch das Leben verändern kann, überlegte sie. Vor einem Monat erschien uns Cornwall wie ein fernes Thule, ein Traumland am Horizont, erst irgendwann nach dem sechzigsten Geburtstag

erreichbar; und jetzt sind wir hier, haben ein Boot und ein paar Hühner, und Ken ist unterwegs und holt die Getränke für Weihnachten.

Das Haus war klein und weiß. Judith fand, dass es einer Muschel glich, die das Wasser am Strand zurückgelassen hatte. Das Kaminfeuer warf einen rosa Schein auf die Innenwände und die ausgetretenen Stufen, die hinunter zum Landungssteg führten. Es war das Schifferhaus gewesen, als die Fähre in Betrieb war, und hieß immer noch Fährhaus. Dahinter erhob sich steil und nackt der Berg. Nur drei andere Häuschen waren auf dieser Seite des Flusses, und sie lagen weiter draußen auf der Landspitze. Das eigentliche Dorf war am anderen Ufer. Judith konnte die ersten erleuchteten Fenster unten beim Wasser und die farbigen Lichter am Weihnachtsbaum des Pubs auf dem Kai sehen.

Es war kalt. Judith fröstelte und sagte sich, dass sie hineingehen und sich für die Cocktailparty der Martins umziehen sollte. Aber aus irgendeinem Grund widerstrebte es ihr, ins Haus zu gehen, und

liebes kleines Haus, und es ist überhaupt nichts Unheimliches daran."

Sie stand da mit dem weiten Wasser und den Lichtern hinter sich und starrte auf das schwarze Rechteck der offenen Tür, als wäre es der Eingang zu einem Rattenloch.

Entschlossen gab sie sich einen Ruck und ging hinein. Schließlich würde Ken jede Minute mit den Getränken zurückkommen – sie horchte nach dem Tuckern des Motorboots –, und bald würden sie zur Party der Martins aufbrechen. Alles war in Ordnung, alles war gut – warum stand sie dann so verstört in einer Ecke der Küche, rang die Hände und biss sich auf die Lippen? Ärgerlich schüttelte sie den Kopf und lief die Treppe hinauf, nahm ihr tomatenrotes wallendes Lieblingskleid aus dem Schrank und zog es über den Kopf. Dann stand sie wieder wie angewachsen mit der Haarbürste in der Hand am Fenster und spähte auf die Treppe des Landungsstegs hinaus. Das Telefon läutete, als sie zurück ins Zimmer ging.

„Darling?" Es war Ken. „Hör mal, es ist etwas Dummes passiert. Der Motor hat den Geist aufgegeben, als ich zurückfahren wollte. Der alte Weaver glaubt, er kann ihn in etwa einer Stunde reparieren, zeitig genug für die Rückfahrt von den Martins, aber das bedeutet, dass ich dich nicht holen kann. Kannst du mit den Jones herüberkommen?"

noch stärker war ihr Bedürfnis, hier auf dem Landungssteg zu bleiben. Sie hätte sich gern hingesetzt und die Beine über die Seite baumeln lassen, als wenn es ein Augustnachmittag gewesen wäre und nicht die Dämmerung des Heiligabends. Sie wusste jetzt, dass sie die Veranda nur geschmückt hatte, um aus dem Haus zu kommen.

„Aber warum?", fragte sie leicht gereizt diese andere Judith, die sie so stumm und eindringlich drängte, auf dem Landungssteg zu bleiben. „Du musst dich einfach daran gewöhnen, allein zu sein, du Stadtpflanze. Es wird häufig vorkommen, dass Ken weg ist, und du kannst nicht jedes Mal halb durchdrehen, wenn du allein im Haus bist. Es ist ein hübsches kleines Haus, ein

„Ich glaube, sie sind früh gefahren, weil sie noch einkaufen wollten. Ich weiß nicht genau – ich sehe mal nach."

„Gut, ruf mich zurück, wenn sie nicht da sind, dann kümmere ich mich darum, dass jemand von hier dich holt. Ich bin im Pub."

„Schön, ich brauche nur fünf Minuten."

Erleichtert und entschlossen legte sie auf und ging über den Strandweg zum Haus der Jones.

„Gefällt es Ihnen im Fährhaus?", fragte Mr Hocking, der Wirt. Bevor er das Pub öffnete, hängte er noch rote und grüne Papierkugeln in der Bar auf.

„O ja, sehr", antwortete Ken. „Wir sind sehr glücklich dort. Wissen Sie, ob das Haus eine Geschichte hat? Wurde hier viel geschmuggelt?"

„Nein, ich habe nur eine Geschichte über das Fährhaus gehört", sagte Mr Hocking bedächtig, „und Schmuggel kommt darin nicht vor. Es geschah vor vielen Jahren – zur Zeit der Hexenverfolgung. Damals betrieb eine alte Frau die Fähre. Mrs Poysey, und im Dorf glaubte man allgemein, dass sie eine Hexe sei.

Nun, das war den Leuten ziemlich egal – leben oder leben lassen ist hierzulande unser Motto immer schon gewesen –, doch der Gutsherr bekam Wind davon und er sagte, wenn sie eine Hexe wäre, müsste sie die Wasserprobe machen. Sie wissen schon – wenn die Frau an der Oberflä-che blieb, bedeutete das angeblich, dass sie eine Hexe war, und wenn sie unterging, dann war sie keine – aber sie ertrank."

„Es ist hier Sitte – oder war es, als es die Fähre noch gab", fuhr Mr Hocking fort, „dass der Fährmann am Heiligabend jeden umsonst übersetzt. Im Gedenken an St. Cradock, wer immer das war. Natürlich gaben die Leute ihm stattdessen ein Geschenk, es lief also aufs Gleiche hinaus."

„Nun, an einem Heiligabend kam der Gutsherr mit vier oder fünf Männern zur Fähre herunter und bat, übergesetzt zu werden. Sie hatten alle getrunken und trugen Bündel unter den Armen, die, so sagten sie, Geschenke für Mutter Poysey waren. Sie machte das Boot los und wollte sie hinüberbringen, aber auf halber Strecke holten die Männer Seile mit Bleigewichten aus ihren Bündeln, fesselten Mutter Poysey und warfen sie über Bord. Ihre Leiche fand man nie. Seltsamerweise wurde am nächsten Heiligabend der Gutsherr vermisst, und seine Leiche wurde später auf die weißen Felsen an der Landspitze geschwemmt. Seither erzählt man sich, dass Mutter Poysey in ihrem Boot am Heiligabend erscheint und den Leuten anbietet, sie umsonst hinüberzufahren, doch wenn sie annehmen, werden sie nie mehr gesehen."

„Natürlich", sagte Mr Hocking, „ist das alles nichts als ein Haufen Unsinn. Ich habe nie von jemand gehört, der wirklich behauptete, er hätte sie gesehen. Ein Mann ist tatsächlich vergangene Weihnachten ertrunken und wurde auf die weißen Felsen geschwemmt, aber dorthin trägt die Ebbe alles, was heruntertreibt. Es war ein Fremder. Leute erzählten später, er hätte jemand gesucht, der ihn hinüberbringt."

„Tolle Geschichte", sagte Ken.

Das Telefon läutete.

„Für Sie", sagte Mr Hocking.

„Hallo, Liebling, bist du das?", fragte Judith. „Hör zu, ein glücklicher Zufall – Mrs Jones war wirklich schon weg, aber auf dem Rückweg habe ich eine komische alte Frau mit einem Boot getroffen, die zum Dorf hinüberfährt, und sie nimmt mich mit. Natürlich habe ich ihr eine Bezahlung angeboten, aber sie hat gesagt, es wäre umsonst, weil Weihnachten ist. Ich bin also in zehn Minuten drüben, okay?"

„He – warte, Judith …", rief Ken verzweifelt, aber sie hatte schon aufgelegt.

„Vermittlung, verbinden sie mich noch mal mit Polhale drei-zwanzig, bitte."

„Tut mir leid, der Teilnehmer antwortet nicht", hieß es nach einem Augenblick.

Ken lief hinaus an den Kai, stellte sich neben den erleuchteten Weihnachtsbaum und schaute übers Wasser. Es war jetzt ganz dunkel, und die Flut kam rasch und trug Nebel herein. Er konnte auch die Lichter am anderen Ufer nicht sehen. Der Nebel brachte auch Kälte – Ken fröstelte, während er angestrengt nach dem Knarren und Klatschen eines Bootes oder Stimmen vom Fluss lauschte. Aber er hörte keinen Laut.

Als Judith aufgelegt hatte, lief sie wieder hinaus. „Ich will Sie nicht lange aufhalten – ich muss mir nur noch die Nase pudern", sagte sie zu der Alten. „Du meine Güte, Sie sehen ganz durchgefroren aus. Wollen Sie nicht hereinkommen und eine Tasse Tee trinken, solange Sie warten? Ich habe gerade welchen gemacht."

Die sonderbare Alte schien unkontrollierbar zu zittern. Judith griff nach ihrer Hand – herrje, sie war eiskalt – und zog sie ins Haus.

„Setzen Sie sich doch ans Kaminfeuer, da ist es schön warm – ich habe mir gerade gewünscht, dass jemand da wäre und es mit mir genießen würde. Nehmen Sie Zucker?"

„Ich danke Ihnen, Ma'am." Die Alte saß steif und aufrecht in ihren abgetragenen schwarzen Kleidern da. „Ich habe früher in diesem Haus gewohnt. Aber sie schaute sich kaum um, sondern ließ Judith nicht aus den Augen.

„Wirklich?" Judith puderte sich die Nase am Spiegel über der Spüle. „Es ist ein schönes Haus. Bestimmt waren Sie traurig, als Sie es verlassen haben."

„Ja, ich war traurig, als ich es verlassen habe."

„Versuchen Sie doch eine von meinen Pasteten – sie sind dieses Jahr recht gut. Oh, Sie haben ja noch gar nichts von Ihrem Tee getrunken. Trinken Sie, solange er heiß ist, er wird sie wärmen."

In ihrer Erleichterung, endlich Gesellschaft zu haben, wurde sie redselig. Sie lief hinaus, um ihren Mantel zu holen.

Zehn Minuten später sprang Ken aus einem geliehenen Boot und sah, dass seine Haustür sperrangelweit offen stand, das Licht warf ein helles Rechteck auf die Treppe. Im Haus war es still.

„Judith!", rief er.

Stechpalmenzweige verfingen sich an seinem Ärmel, als er über die Veranda rannte. Judith lag in einem Sessel vor dem Kamin in der Küche. Sie richtete sich benommen auf und rieb sich die Augen.

„Ken! Du meine Güte, wie sonderbar – ich muss eingeschlafen sein. Wo ist Mrs Poysey?"

„Wer?"

„Die Alte, die mich hinüberfahren wollte. Wahrscheinlich hat es ihr zu lange gedauert, und sie ist los. Sie war ziemlich merkwürdig – ein bisschen verrückt, glaube ich. Sie hat gesagt: „Du hast ein tapferes Herz, meine Liebe. Es gibt nicht viele, die Mutter Poysey zu einem Bissen einladen", und etwas darüber, dass ihr Haus endlich in guten Händen ist. Ich nehme an, sie ist flussaufwärts gezogen, als sie hier wegging. Was schaust du so, Ken?"

Er starrte den anderen Sessel an. Darüber und rund um die unberührte Teetasse und die Pastete lag ein Gewirr nasser Seile, an denen viele kleine Bleigewichte befestigt waren.

„Was um aller Welt …", rief Judith.

„Damit hat man sie ertränkt", sagte er. „Hoffentlich ist sie jetzt davon befreit."

Joan Aiken

Frankfurter Brenten

Frankfurter Brenten

Mandeln erstlich, rat' ich dir,
nimm drei Pfunde, besser vier
(im Verhältnis nach Belieben);
diese werden nun gestoßen
und mit ordinärem Rosen-
Wasser feinstens abgerieben.
Je aufs Pfund Mandeln akkurat
drei Vierling Zucker ohne Gnad'!
Denselben in den Mörsel bring',
hierauf ihn durch ein Haarsieb schwing.
Von deinen irdenen Gefäßen
sollst du mir dann ein Ding erlesen,
was man sonst eine Kachel nennt,
doch sei sie neu zu diesem End'!
Drein füllen wir den ganzen Plunder
und legen frische Kohlen unter.
Jetzt rühr' und rühr' ohn' Unterlass,
bis sich verdicken will die Mass',
und rührst du eine Stunde voll!

Am eingetauchten Finger soll
das Kleinste nicht mehr hängen bleiben;
so lange müssen wir es treiben.
Nun aber bringe das Gebrodel
in eine Schüssel (der Poet,
weil ihm der Reim vor allem geht,
will schlechterdings hier einen Model,
indes der Koch auf ersterer besteht.)
darinne drück's zusammen gut!
Und so hat es über Nacht geruht,
sollst du's durchkneten Stück für Stück,
auswellen messerrückendick.
Je weniger Mehl du streuest ein,
um desto besser wird es sein.
Alsdann in Formen sei's geprägt,
wie man bei Weingebacknem pflegt;
Zuletzt – das wird der Sache frommen –
den Bäcker scharf in Pflicht genommen,
dass sie schön gelb vom Ofen kommen!

Eduard Mörike

Immer ein Lichtlein mehr

Immer ein Lichtlein mehr

Immer ein Lichtlein mehr
im Kranz, den wir gewunden,
dass er leuchte uns so sehr
durch die dunklen Stunden.

Zwei und drei und dann vier!
Rund um den Kranz welch ein Schimmer,
und so leuchten auch wir,
und so leuchtet das Zimmer.

Und so leuchtet die Welt
langsam der Weihnacht entgegen.
Und der in Händen sie hält,
weiß um den Segen!

Matthias Claudius

Pfeffernüsse und Brummeisen

Der König von Makronien, der sich schon seit einiger Zeit in seinen besten Jahren befand, war eben aufgestanden und saß unangezogen auf dem Stuhl neben dem Bett. Vor ihm stand sein Hausminister und hielt ihm die Strümpfe hin, von denen der eine ein großes Loch an der Ferse hatte. Aber obwohl er den Strumpf mit großer Sorgfalt so gedreht hatte, dass der König das Loch nicht merken sollte, und obschon der König sonst mehr auf hübsche Stiefel als auf ganze Strümpfe zu achten pflegte, war das Loch dem königlichen Scharfblicke diesmal doch nicht entgangen. Entsetzt nahm er dem Minister den Strumpf aus der Hand, fuhr mit dem Zeigefinger durch das Loch, sodass er bis zum Knöchel herausguckte, und sagte dann seufzend: „Was hilft es mir, dass ich König bin, wenn ich keine Königin habe! Was meinst du, wenn ich mir eine Frau nähme?"

„Majestät", antwortete der Minister, „das ist ein sublimer Gedanke; ein Gedanke, der gewiss auch mir ganz untertänigst aufgestiegen wäre, wenn ich nicht gefühlt hätte, dass ihn Eure Majestät jedenfalls heute selbst noch zu äußern geruhen würden!"

„Schön!", erwiderte der König, „aber glaubst du, dass ich so leicht eine Frau finden werde, die für mich passt?"

„Pah!", sagte der Minister. „Zehn für eine!"

„Vergiss nicht, dass ich große Ansprüche mache. Wenn mir eine Prinzessin gefallen soll, muss sie klug und schön sein! Und dann ist noch ein Punkt, auf den ich ganz besonderes Gewicht lege: Du weißt, wie gern ich Pfeffernüsse esse. In meinem ganzen Reiche ist kein einziger Mensch, der sie zu backen versteht, wenigstens richtig zu backen, nicht zu hart und nicht zu weich, sondern gerade knusprig: Sie muss durchaus Pfeffernüsse backen können!"

Als der Minister dies hörte, bekam er einen heftigen Schreck. Doch sammelte er sich rasch wieder und entgegnete: „Ein König wie Eure Majestät werden ohne Zweifel auch eine Prinzessin finden, die Pfeffernüsse zu backen versteht."

„Nun, dann wollen wir uns zusammen umsehen!", versetzte der König; und noch an demselben Tage begann er in Begleitung des Ministers die Rundreise zu denjenigen seiner verschiedenen Nachbarn, von denen er wusste, dass sie Prinzessinnen zu vergeben hatten. Aber es fanden sich nur drei Prinzessinnen, die gleichzeitig so schön und klug waren, dass sie dem König gefielen, und von diesen konnte keine Pfeffernüsse backen.

„Pfeffernüsse kann ich freilich nicht backen", sagte die erste Prinzessin, als der König sie danach fragte, „aber hübsche kleine Mandelkuchen. Bist du damit nicht zufrieden?"

„Nein!", erwiderte der König, „Es müssen partout Pfeffernüsse sein!"

Die zweite Prinzessin, als er die nämliche Frage an sie richtete, schnalzte mit der Zunge und sagte ärgerlich: „Lasst mich mit Euren Albernheiten zufrieden! Prinzessinnen, welche Pfeffernüsse backen können, gibt es nicht."

Am schlimmsten aber ging es dem König bei der dritten, obwohl sie die schönste und klügste war. Denn sie ließ ihn gar nicht bis zu seiner

Frage kommen, sondern ehe er sie noch hatte tun können, fragte sie selbst, ob er auch wohl das Brummeisen zu spielen verstünde? Und als er dies verneinte, gab sie ihm einen Korb und meinte, es tue ihr herzlich leid. Er gefalle ihr sonst ganz gut; aber sie höre das Brummeisen für ihr Leben gern und habe sich vorgenommen, keinen Mann zu nehmen, der es nicht spielen könne.

Da fuhr der König mit dem Minister wieder nach Haus, und als er aus dem Wagen stieg, sagte er recht niedergeschlagen: „Das wäre also nichts gewesen!"

Aber ein König muss durchaus eine Königin haben, und nach längerer Zeit ließ er daher den Minister noch einmal zu sich kommen und eröffnete ihm, er habe es aufgegeben, eine Frau zu finden, die Pfeffernüsse backen könne, und beschlossen, die Prinzessin zu heiraten, welche sie damals zuerst besucht hätten.

„Es ist die, welche die kleinen Mandelkuchen zu backen versteht", fügte er hinzu. „Gehe hin und frage, ob sie meine Frau werden will."

Am nächsten Tag kam der Minister zurück und erzählte, dass die Prinzessin nicht mehr zu haben sei. Sie hätte den König aus dem Lande, in dem die Kapern wachsen, geheiratet.

„Nun, dann gehe zur zweiten Prinzessin!"

Allein der Minister kam auch dieses Mal wieder unverrichteterdinge nach Hause: Der alte König habe gesagt, er bedaure unendlich, aber seine Tochter sei leider gestorben, und so könne er sie ihm nicht geben.

Da besann sich der König lange. Weil er aber durchaus eine Königin haben wollte, so befahl er dem Minister, er solle doch auch noch einmal zur dritten Prinzessin gehen, vielleicht habe sie sich inzwischen anders besonnen. Und der Minister musste gehorchen, obgleich er sehr wenig Lust verspürte und obschon ihm auch seine Frau sagte, dass es gewiss recht unnütz wäre.

Der König aber wartete ängstlich auf seine Rückkunft. Denn er gedachte der Frage wegen des Brummeisens, und die Erinnerung daran war ihm ärgerlich.

Die dritte Prinzessin jedoch empfing den Minister sehr freundlich und sagte zu ihm, eigentlich hätte sie sich ganz bestimmt vorgenommen, nur einen Mann zu nehmen, der das Brummeisen zu spielen verstünde. Aber Träume seien Schäume, und besonders Jugendträume! Sie sähe ein, dass sich ihr Wunsch nicht erfüllen ließe, und da der König ihr sonst sehr gut gefalle, so wolle sie ihn schon zum Manne nehmen.

Da fuhr der Minister zurück, was die Pferde jagen wollten, und der König umarmte ihn und gab ihm den großen Schranzenorden mit Brettern, den Orden am Hals und die Bretter noch höher zu tragen. Bunte Fahnen wurden in der Stadt ausgehangen, Girlanden von einem Haus zum andern quer über die Straßen gezogen und die Hochzeit so herrlich gefeiert, dass die Leute vierzehn Tage von weiter nichts sprachen.

Der König und die junge Königin aber lebten in Lust und Freude ein ganzes Jahr lang. Der König hatte die Pfeffernüsse und die Königin das Brummeisen gänzlich vergessen.

Eines Tages jedoch stand der König früh mit dem falschen Beine zuerst aus dem Bette auf, und alles ging verkehrt. Es regnete den ganzen Tag, der Reichsapfel fiel hin, und das kleine Kreuz, das oben drauf ist, brach ab. Dann kam der Hofmaler und brachte die neue Karte vom Königreiche, und als der König sie besah, war das Land rot angestrichen statt blau, wie er befohlen und endlich, die Königin hatte Kopfschmerzen.

Da geschah es, dass das Ehepaar sich zum ersten Male zankte; warum, wussten sie am nächsten Morgen selbst nicht mehr, oder wenn sie es wussten, wollten sie es wenigstens nicht sagen. Kurz, der König war brummig und die Königin schnippisch und behielt stets das letzte Wort. Nachdem sie sich beide lange Zeit hin und her gestritten, zuckte die Königin endlich verächtlich mit den Achseln und sagte: „Ich dächte, du wärest nun endlich still und hörtest auf, alles zu tadeln, was dir vor die Augen kommt! Du selbst kannst ja nicht einmal das Brummeisen spielen."

Aber kaum war ihr dies entschlüpft, als der König ihr schon ins Wort fiel und giftig antwortete: „Und du kannst nicht einmal Pfeffernüsse backen!"

Da blieb die Königin zum ersten Male die Antwort schuldig und wurde ganz still, und beide gingen, ohne weiter ein Wort zu wechseln, auseinander, jedes in seine Stube. Hier setzte sich die Königin in die Sofaecke und weinte und dachte: Was du doch für eine törichte Frau bist! Wo hast du nur deinen Verstand gehabt? Dümmer hättest du es gar nicht anfangen können!

Der König aber ging in seinem Zimmer auf und ab, rieb sich die Hände und sagte: „Es ist doch ein wahres Glück, dass meine Frau keine Pfeffernüsse backen kann! Was hätte ich sonst erwidern sollen, als sie mir vorwarf, dass ich das Brummeisen nicht zu spielen verstünde?!"

Nachdem er dies wenigstens drei- oder viermal wiederholt hatte, wurde er immer vergnügter. Er fing an, seine Lieblingsmelodie zu pfeifen, besah sich dann das große Bild der Königin, welches in seinem Zimmer hing, stieg auf einen Stuhl, um mit dem Taschentuch einen Spinnenfaden abzuwischen, der der Königin gerade über die Nase herabhing, und sagte endlich: „Sie hat sich gewiss recht geärgert, die gute kleine Frau! Ich werde einmal sehen, was sie macht!"

Darauf ging er zur Tür hinaus auf den langen Gang, auf welchen alle Zimmer mündeten. Weil aber an diesem Tage alles verkehrt ging, so hatte der Kammerdiener vergessen, die Lampen anzuzünden, obgleich es schon acht Uhr abends und stockdunkel war.

Daher streckte der König die Hände vor sich, um sich nicht zu stoßen, und tappte vorsichtig an der Wand hin. Plötzlich fühlte er etwas Weiches.

„Wer ist da?", fragte er.

„Ich bin es", antwortete die Königin.

„Was suchst du, mein Schatz?"

„Ich wollte dich um Verzeihung bitten", erwiderte die Königin, „weil ich dich so gekränkt habe."

„Das brauchst du gar nicht!", sagte der König und fiel ihr um den Hals. „Ich habe mehr Schuld als du und längst alles vergessen. Aber, weißt du, zwei Worte wollen wir in unserem Königreiche bei Todesstrafe verbieten lassen, Brummeisen und …"

„Und Pfeffernüsse", fiel die Königin lachend ein, indem sie sich heimlich noch ein paar Tränen aus den Augen wischte – und damit hat die Geschichte ein Ende.

Richard von Volkmann-Leander

Der Winterabend

Der Winterabend

Der Winterabend, das ist die Zeit
der Arbeit und der Fröhlichkeit.
Wenn die andern nähen, stricken und spinnen,
dann müssen wir Kinder auch was beginnen;
wir dürfen nicht müßig sitzen und ruhn,
wir haben auch unser Teil zu tun.
Wir müssen zu morgen uns vorbereiten
und vollenden unsere Schularbeiten.
Und sind wir fertig mit Lesen und Schreiben,
dann können wir unsere Kurzweil treiben ...
Und ist der Abend auch noch so lang,
wir kürzen ihn mit Spiel und Gesang.
Und wer ein hübsches Rätsel kann,
der sagt's, und wir fangen zu raten an.

Heinrich Hoffmann von Fallersleben

Die weise Frau

Kurz vor Weihnachten, als der erste Schnee zu fallen begann, machte Ruth sich auf den Weg, um die weise Frau zu besuchen. Sie sagte sich, dass sie es nur aus Jux mache, aber im innersten Herzenswinkel wusste sie, dass sie schon eine ganze Zeit mit dem Gedanken gespielt hatte. So etwas tat man ja nur, wenn alles andre nichts mehr helfen wollte, und es schien so, als wolle jetzt nichts mehr helfen.

Im Herbst war es ihr zum ersten Mal in den Sinn gekommen, als der in den Bäumen seufzende Wind sie so sehr an den Herbst vor zwei Jahren erinnert hatte – damals, als Johnnies Flugzeug abgestürzt war und alles zu Ende war, kaum hatte es begonnen. Der wilde Wein rankte sich rot wie Blut über das weiße Haus. Die Fasanen im Kornfeld passten genau zum herbstlichen Goldrot der Bäume. Das Birkhuhn rief von den Bergen herunter „Zu-rück! Zu-rück!"

Doch man kann nie zurück. Kann nur vorwärtsgehen. Aber wohin? Das war es, was sie noch fragen wollte. Das war es, was die weise Frau ihr raten sollte.

„Du solltest nicht so ganz allein da oben im Hochland wohnen", schrieben ihre Freundinnen. „Komm wieder nach London. In die alte Umgebung! Geh unter die Leute!"

Aber sie wollte nicht unter die Leute gehen. Es war friedlich hier oben im Hochland, wenn in weiter Ferne die Dudelsackpfeifen zu hören waren (denn dann hörten sie sich am Schönsten an); und sie liebte das weiße Haus. Alles erinnerte sie an Johnnie. Der Garten, den sie gemeinsam angelegt hatten. Und was sie geplant hatten. Bis vor einem Monat hatte sie an seinem Buch gearbeitet, die Druckbögen korrigiert, das alles erledigt. Zwei Jahre hatte sie dafür gebraucht, und jetzt war es veröffentlicht und gleich ein großer Erfolg geworden. Und noch eine Tür zur Vergangenheit hatte sich geschlossen. Ihr war zu Mute wie einer Mutter, deren einziges Kind heranwuchs und in die Welt hinausging. Was jetzt? Die Tage wurden ihr so lang.

Und dann war ganz überraschend Terence in diesem Herbst erschienen. Terence, ein Mann aus ihrem früheren Leben, der aus Kenia gekommen war, der sich Urlaub genommen hatte. Sie wusste, dass Terence sie damals geliebt hatte, ehe sie Johnnie heiratete. Doch sie war nicht so eitel zu glauben, dass er ihretwegen aus Kenia hergekommen war – und dass er ihretwegen nicht geheiratet hatte. Er liebte es, à la carte zu leben, nahm sie an – so wie sie es liebte, mit ihren Erinnerungen zu leben.

Nun war ihr plötzlich klar geworden, dass Erinnerungen nicht genügen, um das Leben einer jungen Frau auszufüllen, die noch keine dreißig Jahre alt war. Sie hatte nichts zu tun – trotz Haus und Garten und Unabhängigkeit. Traurig dachte sie: Warum muss es immer so ausgehen, dass die glücklichen Paare auseinandergerissen werden, während andere, die sich gegenseitig zu Tode langweilen, bis ans Lebensende zusammengeschmiedet sind? Sie steigen munter und gesund aus jedem Flugzeug, und nie stößt ihnen ein Unglück zu!

Ach, ihr unzufriedenen Ehefrauen, dachte Ruth, seid doch froh, dass ihr jemand habt, für den ihr sorgen könnt! Schnell verdrängte sie alle Gedanken an jenen andern Herbstabend, als das Telefon durch das stille Haus lärmte und das Ende ihrer Welt über sie hereinbrach.

Dann war ganz unerwartet Terence aufgetaucht und hatte einen Hauch von einer anderen Welt mitgebracht, die sie früher gekannt hatte, und die

Erinnerung an viele fröhliche Menschen. Nach den ersten paar Tagen seines Besuchs wurde es ganz klar, weshalb er gekommen war und was er im Sinn hatte.

„Du solltest ihn nehmen, Kindchen", hatte Nannie gesagt. „Er ist ein prächtiger Mensch, und für dich ist das hier kein Leben. Nicht für ein so junges Ding wie dich!"

Seit ihrer frühesten Kindheit hatte sie sich bei Nannie ausweinen können, und so war es noch heute.

„Für eine alte Frau wie mich ist es ein schönes, ruhiges Leben, aber nicht für dich ... wenn wenigstens Kinder da wären", seufzte Nannie.

Ja, wenn Kinder dagewesen wären: ein kleiner Junge mit Johnnies schmalem Tigergesicht und seinem wirren roten Haarschopf, mit Johnnies strahlendem Lachen und seinem wilden Temperament! Aber sie hatten ja kaum Zeit gehabt, Kinder zu bekommen!

Zuerst war es überhaupt Nannies Idee gewesen: „Du solltest mal zur weisen Frau gehen und die fragen!", sagte Nannie. „Ich bin auch schon bei ihr gewesen."

Ruth lachte sie aus. „Hat sie dir einen guten Rat gegeben?"

„Doch. Sie hat mir meine Warzen weggebracht. Sie kann wirklich heilen!"

Aber ein zerbrochenes Leben ist nicht so leicht zu heilen, dachte Ruth.

„Sie kennt die ganze Familie. Sie kann sich sehr gut an Mr. Johnnie erinnern, als er ein wilder junger Schlingel war und vom College in England zurückkam. Das ist jetzt acht Jahre her, hat sie gesagt."

Das war lange vor der Zeit, als ich ihn kennenlernte, dachte Ruth und versuchte sich den wilden jungen Johnnie vorzustellen.

„So hübsch sah er aus in seinem Kilt, und zu seinem einundzwanzigsten Geburtstag wurden Freudenfeuer abgebrannt, und die Dudelsackpfeifer spielten so lustig, sagt sie. Ja, sie hat mir viel vom jungen Johnnie erzählt."

Die weise Frau lebte allein in einer winzigen Hütte mit Strohdach am Ende des Moors.

„Es gefällt ihr dort", sagte Nannie. „Man hat ihr ein gutes Haus im Dorf angeboten, mit fließendem Wasser und Installation, aber sie will nicht hin."

Die weise Frau bezog ihr Wasser aus einer Pumpe, die im Winter ganz in Sacktuch eingewickelt war, und da sich die weise Frau auch in Sacktuch

Die weise Frau

einzuwickeln liebte, war sie schwer von der Pumpe zu unterscheiden. Doch im Sommer trug sie eine heitere geblümte Schürze. Ruth hatte noch nie mit ihr gesprochen, sah sie aber oft mit einem großen Reisigbündel aus dem Wald kommen, und dann nickten sie einander zu, wie es auf dem Lande üblich ist.

„Sie glaubt, dass sie fünfundachtzig ist", sagte Nannie, „und ganz bestimmt hat sie das zweite Gesicht. Alle Mädchen hier gehen zu ihr und lassen sich von ihr beraten oder kaufen ihr ein Tränklein ab. An so etwas glaube ich natürlich nicht, aber immerhin …"

Vielleicht könnte sie mir ein Tränklein verkaufen, das die Erinnerung abtötet, dachte Ruth. Das wäre ein Segen. Dann wäre es mir möglich, Terence und ein neues Leben in einer neuen Welt in Betracht zu ziehen.

„Du und ich, wir können gut zusammen hausen", hatte Terence gesagt. „Ich würde nicht versuchen, Johnnie auszustechen oder zu verdrängen. Ich weiß, wie ihr euch geliebt habt … Aber Ruth, bedenke nur, wie schrecklich es ihm wäre, dich hier jeden langen Winter so allein zu wissen … So weit von jedem Menschen …"

Er war lieb und ein fröhlicher, guter Kamerad. Und er sah sehr sympathisch aus. Sie hatte nichts gegen ihn einzuwenden – nur das eine, dass sie ihn nicht liebte.

„Das kann noch kommen", sagte er beharrlich. „Überlege es dir, Ruth! Ich bleibe bis Mitte Dezember in England. Überlege es dir, und gib mir Bescheid!"

Sie hatte es sich überlegt. Hatte sich vorgestellt, wie Terence an Johnnies Stelle durch ihr Leben gehen würde. Wie Terence sich vor dem Spiegel rasierte, ganz mit weißem Seifenschaum bedeckt, und komische Gesichter schnitt, wie es die Männer zu tun pflegen, wenn sie sich rasieren. Viele lange Abende hatte sie an ihn gedacht und versucht, sich in ein Leben mit ihm hineinzudenken, denn sie mochte ihn sehr gern.

Aber es ging einfach nicht! Anfang Dezember hatte sie ihm geschrieben und es ihr mitgeteilt. Und als sie es getan hatte, erst da fragte sie sich,

ob sie richtig gehandelt hatte und beschloss, zu der weisen Frau zu gehen.

Es schneite, als sie den Hügel hinunterging. Der erste Schnee in diesem Winter. Sie musste lachen, als sie einen aus Ginster zusammengebundenen Besen vor der Tür stehen sah. Wie passend für eine weise Frau, wenn sie sich an mondhellen Nächten fortbegeben wollte! Lachend betrat sie die Küche. Sie sah ganz so aus, wie sie sein musste. Im alten Kamin brannte ein mächtiges Feuer. In der einen Ecke stand ein mit bunt karierten Tartans bedecktes Bett. Und in einem Schaukelstuhl saß gemütlich die weise Frau und hatte eine Katze auf dem Schoß.

„Herein, herein!", rief die weise Frau ihr entgegen. „Setzen Sie sich hier ans Fenster! Wie schmuck Sie aussehen! Ich hab schon oft gedacht, ob Sie nicht zu mir kommen würden! Sie glauben nicht, wie ich mich freue, denn ich habe sie alle gekannt, damals, 's ist lange her, und Ihren Mann auch, den hübschen Burschen!"

„Wollen Sie mir die Zukunft sagen?", bat Ruth scheu.

„Haha, das wollen sie alle! Und ich sag ihnen so viel wie gut für sie ist." Sie lachte in sich hinein und brühte Tee auf.

„Sagen Sie ihnen nicht alles? Auch wenn Sie den Rest wissen?", fragte Ruth und blickte auf die alte Frau, die so gerade wie ein Baum dastand, auch wenn sie glaubte, sie sei fünfundachtzig. Was für ein schönes Mädchen musste sie zur ihrer Zeit gewesen sein!

„Ich sag niemals alles", kicherte die weise Frau, „sondern bloß das, womit sie sicher fertigwerden können."

Ruth nippte an ihrem Tee, der heiß und schwarz und sehr süß war. Sonst trank sie ihren Tee ohne Zucker.

„Und Sie haben immer hier gewohnt?", fragte Ruth schüchtern, denn die alte Frau interessierte sie.

„Mein ganzes Leben. Immer in der gleichen Hütte. Meine Kinder leben nicht mehr. Ich hatte eine einzige Enkelin, die ist in Kanada gestorben. Ein Unfall. Vor zwei Jahren ..." Sie schaukelte sich langsam und litt noch unter dem Schmerz. „Sie war ein sehr schönes Mädchen!"

„Das glaub ich gern", sagte Ruth aufrichtig.

„Wie steht's mit Ihnen, da wir uns jetzt bekannt gemacht haben? Was wollen Sie gern wissen, lassie? Ja, ein bonnie lassie sind Sie, und so früh schon Witwe. Es ist schlimm!"

„Jemand liebt mich, und ich habe ihn weggeschickt", sagte Ruth. „War es falsch? Oder hab ich recht getan?"

Es war seltsam, wie leicht ihr die Worte fielen. Leichter als Nannie gegenüber, die zu viel von ihr wusste. Es dämmerte schon. In der kleinen Küche wurde es dunkel, bis auf den Flammenschein, den der Schatten der weisen Frau auf die Wand warf. Sie nahm Ruths Hände in ihre Hand und zeichnete mit ihren knochigen Fingern die Handlinien nach. Sie murmelte vor sich hin: „Es hätte nicht so ausgehen sollen!" Dann blickte sie ein Weilchen ins Feuer, und dann sprach sie.

„'s ist recht, was Sie gemacht haben. Für manche gibt's nur ein einziges Mal Liebe. Ein Herz, das treu ist, kann sich nicht ändern. Für manche gibt's nur den einen! Für andre ist jeder recht. So ist es nun mal. So ist es nun mal ...'

„Ich bleibe also immer allein?', sagte Ruth. Sie sagte es traurig, denn die Abende in dem großen Haus waren lang, wenn der andrer Stuhl am Feuer leerstand.

Die weise Frau hatte das Kinn in die Hand gestützt und blickte ins Feuer. Der Wind draußen seufzte unheimlich. Eine Handvoll Schnee pritschelte gegen die Scheiben. Er schien die alte Frau aus ihrer Träumerei zu reißen.

„Es kommt alles gut aus", sagte sie mit ihrer seltsamen Hochlandstimme. „Nicht so, wie es hätte sein sollen – sicher nicht – mit Freudenfeuern auf den Bergen und Dudelsackmusik ..'

Sie ist ein bisschen verrückt, dachte Ruth mitleidig. Das arme Altchen, so allein am Rande vom Moor.

„Es ist doch noch einer für Sie da. Er kommt", rief die weise Frau. „Er ist der, den Sie brauchen, und

kein andrer ... und er wird Ihnen seine ganze Liebe schenken. Die Liebe, die Sie brauchen."

Ruth dankte ihr, und insgeheim amüsierte sie sich ein wenig, weil es eine so unwahrscheinliche Prophezeiung war. Sie wollte der weisen Frau etwas Silbergeld in die Hand drücken, aber es wurde barsch abgelehnt. Dann ging sie und ließ sie allein am Feuer zurück, mit der Katze auf dem Schoß.

„Was hat sie dir gesagt?", fragte Nannie eifrig.

„Nichts, was einen Sinn ergeben hätte", sagte Ruth. „Sie hat mir einen lieben Menschen versprochen, aber was nützt mir das schon. Terence war ein lieber Mensch. Sie hat gesagt, es wäre recht gewesen, dass ich nicht mit ihm gegangen bin."

„Es war jammerschade", sagte Nannie und dachte sehnsüchtig an das warme, sonnige Kenia, wohin sie ihrer Herrin noch lieber gefolgt wäre als hierher in das raue Hochland. Der scharfe Hochlandwind ist nichts für alte Knochen ... Und sie dachte an Kinderzimmer mit freundlichem Kaminfeuer hinter hohem Gitter und an den Geruch von warmen Flanelltüchern, die davor aufgehängt waren, und an Spielzeugschränke und Körbe voll Stopfkram – denn das waren die Dinge, die ihr Leben ausmachten, und nun würde es nie mehr so sein. In dem großen weißen Haus war Platz genug für Kinder, doch sie würden nie hier spielen, und es kam ihr ganz verrückt vor, den Weihnachtsbaum zu schmücken, wo doch niemand da war, ihn anzuschauen, nur sie beide, die längst über die Weihnachtsfreude hinaus waren.

Trotzdem fuhr sie in ihrer Arbeit fort, reckte sich mühsam, um die obersten Zweige zu erreichen, und dachte an alte Zeiten, als Ruth ein kleines Mädchen gewesen war und als die Gassenjungen vor dem Fenster ihr Lied von den Heiligen Drei Königen gesungen hatten. Hier lag dicker Schnee, und die Samtvorhänge waren noch nicht zugezogen, so dass sich die bunten Glaskugeln am Weihnachtsbaum in den Scheiben spiegeln konnten.

„Wir sind die Drei Könige aus Morgenland", summte Nannie vor sich hin und ging ans Fenster, um die Vorhänge zuzuziehen. Da sah sie ihn! Ein kleiner Junge stand draußen und presste das Gesicht gegen die Scheibe.

Zuerst glaubte sie, es sei einer von ein paar Weihnachtssängern, doch als sie an die Haustür ging, sah sie, dass es nur der eine kleine Junge war. Er hatte sich auf die Treppe gesetzt und den Kopf auf die Knie gelegt. Sicher hatten ihn die Kälte und die Anstrengung ermüdet.

„Wach auf, Jungchen!", rief sie und schüttelte ihn. „Wo kommst du denn her?"

Er zeigte irgendwo ins Dunkel hinein, wo das ferne Städtchen lag. „Von dort ... schickt mich nicht wieder hin! Bitte, bitte, schickt mich nicht wieder hin!"

Sie hob ihn auf und trug ihn in die Halle. Wie schön es war, ein Kind in den Armen zu fühlen – wie sie es früher gewöhnt war. Erst als sie ihn in der Küche vor sich hatte und ihm die nassen Kleider abstreifte, fiel ihr sein Haar auf. Es war brandrot! Und es stand ihm wirr um den Kopf.

„Ihr schickt mich doch nicht wieder hin, nicht wahr?", flehte er, und sein Kinn zitterte. „Wenn sie mich holen kommen, lasst mich nicht wieder hin!"

„Wohin denn?", fragte Nannie. „Wer kann kommen und dich hier wegholen?" Sie rieb ihn mit einem warmen Tuch trocken.

„Die vom HEIM! Schickt mich nicht wieder hin, bitte!"

Das war es also – das Waisenhaus! Sie kannte es vom Sehen. Wenn man ins Städtchen ging, sah man Kinder im Hof beim Spielen, oder wie sie spazierengingen, eine lange Reihe, behütet von Mädchen mit mürrischen Gesichtern.

„Du bist also ausgerissen?" – Den ganzen weiten Weg, und im Schnee! Er war so klein. Wie alt mochte er sein? Sie schätzte ihn auf sechs oder sieben Jahre. „Und warum bist du hierhergekommen?"

Schlaftrunken legte er den Kopf auf ihre Schulter, während sie ihn auf dem Schoß hielt und seine Füße trocknete.

„Eine alte Frau hat's mir gesagt ... Sie hat mich manchmal besucht. Sie hat mir Geld gegeben und gesagt, ich soll mit dem Bus fahren und dann zum weißen Haus auf dem Berg gehen. Sie hat gesagt, ihr würdet mich nicht wegschicken!"

„Musst nicht bange sein", sagte Nannie. Dann sah sie ihn richtig an, und eine Ahnung stieg in ihr auf. Oh, die listige weise Frau, dachte sie. So war das also gewesen? Jetzt erkannte sie auch den Ausdruck, die schmale Stirn, die grauen Augen. Nach all den Jahren! Vielleicht war er ein Himmelsgeschenk – da Ruth sich doch so um den einen grämte? Vielleicht war das arme Würmchen hier alles, was von ihm übrig geblieben war auf dieser Welt? Und die Enkelin in Kanada – vor zwei Jahren gestorben – und das Alter des Kleinen: es stimmte alles!

„Das will ich aber herausbringen!", murmelte Nannie grimmig vor sich hin. „Und Ruth braucht's nicht zu wissen."

Ruth saß allein am Feuer, als Nannie ins Zimmer kam und ihr das warm eingehüllte Kind in den Schoß legte.

„Sieh mal an, was dir das Christkind gebracht hat!", sagte sie. „Sieht ganz so aus, als ob's der wäre, von dem die weise Frau gesprochen hat."

Dorothy Black

Ein gutes Jahr

Ein gutes Jahr

Man nehme 12 Monate,
putze sie sauber von Neid,
Bitterkeit, Geiz, Pedanterie
und zerlege sie in 30 oder 31 Teile,
so dass der Vorrat für ein Jahr reicht.
Jeder Tag wird einzeln angerichtet
aus 1 Teil Arbeit
und 2 Teilen Frohsinn und Humor.
Man füge 3 gehäufte Esslöffel Optimismus hinzu,
1 Teelöffel Toleranz,
1 Körnchen Ironie und
1 Prise Takt.
Dann wird die Masse
mit sehr viel Liebe übergossen.
Das fertige Gericht schmücke man
mit Sträußchen kleiner Aufmerksamkeiten
und serviere es täglich mit Heiterkeit.

Katharina Elisabeth Goethe

Zwölf mit der Post

Es war eine schneidende Kälte, sternenheller Himmel, kein Lüftchen regte sich.

„Bums!" Da wurde ein alter Topf an die Haustüre des Nachbars geworfen. „Puff, paff!" Dort knallte die Büchse; man begrüßte das neue Jahr.

Es war Neujahrsnacht! Jetzt schlug die Turmuhr zwölf!

„Trateratra!" Die Post kam angefahren. Der große Postwagen hielt vor dem Stadttore an. Er brachte zwölf Personen mit, alle Plätze waren besetzt.

„Hurra! Hurra! Hoch!", sangen die Leute in den Häusern der Stadt, wo die Neujahrsnacht gefeiert wurde und man sich beim zwölften Schlage mit dem gefüllten Glase erhob, um das neue Jahr leben zu lassen.

„Prost Neujahr!", hieß es, „ein schönes Weib! Viel Geld! Keinen Ärger und Verdruss!" Das wünschte man sich gegenseitig, und darauf stieß man mit den Gläsern an, dass es klang und sang – und vor dem Stadttore hielt der Postwagen mit den fremden Gästen, den zwölf Reisenden.

Und wer waren diese Fremden? Jeder von ihnen führte seinen Reisepass und sein Gepäck bei sich; ja, sie brachten sogar Geschenke für mich und dich und alle Menschen des Städtchens mit. Wer waren sie, was wollten sie, und was brachten sie?

„Guten Morgen!", riefen sie der Schildwache am Eingange des Stadttores zu.

„Guten Morgen!", antwortete diese, denn die Uhr hatte ja zwölf geschlagen.

„Ihr Name? Ihr Stand?", fragte die Schildwache den von ihnen, der zuerst aus dem Wagen stieg.

„Sehen Sie selbst im Passe nach", antwortete der Mann. „Ich bin ich!", und es war auch ein ganzer Kerl, angetan mit Bärenpelz und Pelzstiefeln.

„Ich bin der Mann, in den sehr viele Leute ihre Hoffnung setzen. Komm morgen zu mir; ich gebe dir ein Neujahrsgeschenk! Ich werfe Groschen und Taler unter die Leute, ja, ich gebe auch Bälle, volle einunddreißig Bälle, mehr Nächte kann ich aber nicht daraufgehen lassen. Meine Schiffe sind eingefroren, aber in meinem Arbeitsraum ist es warm und gemütlich. Ich bin Kaufmann, heiße Januar und führe nur Rechnungen bei mir."

Nun stieg der zweite aus, der war ein Bruder Lustig; er war Schauspieldirektor, Direktor der Maskenbälle und aller Vergnügungen, die man sich nur denken kann. Sein Gepäck bestand aus einer großen Tonne.

„Aus der Tonne", sagte er, „wollen wir zur Fastnachtszeit die Katze herausjagen. Ich werde euch schon Vergnügen bereiten und mir auch; alle Tage lustig! Ich habe nicht gerade lange zu leben; von der ganzen Familie die kürzeste Zeit: ich werde nämlich nur achtundzwanzig Tage alt. Bisweilen schalten sie mir zwar auch noch einen Tag ein – aber das kümmert mich wenig, hurra!"

„Sie dürfen nicht so schreien!", sagte die Schildwache.

„Ei was, freilich darf ich schreien", rief der Mann, „ich bin Prinz Karneval und reise unter dem Namen Februarius."

Jetzt stieg der dritte aus; er sah wie das leibhaftige Fasten aus, aber er trug die Nase hoch, denn er war verwandt mit den ‚vierzig Rittern' und war Wetterprophet. Allein das ist kein fettes Amt, und deshalb pries er auch das Fasten. In einem Knopfloche trug er auch ein Sträußchen Veilchen, auch diese waren sehr klein.

„März! März!", rief der vierte ihm nach und schlug ihn auf die Schulter; „riechst du nichts? Geschwind in die Wachstube hinein, dort trinken sie Punsch, deinen Leib- und Labetrunk; ich rieche es schon hier außen. Marsch, Herr Martius!"

Aber es war nicht wahr, der wollte ihn nur den Einfluss seines Namens fühlen lassen, ihn in den April

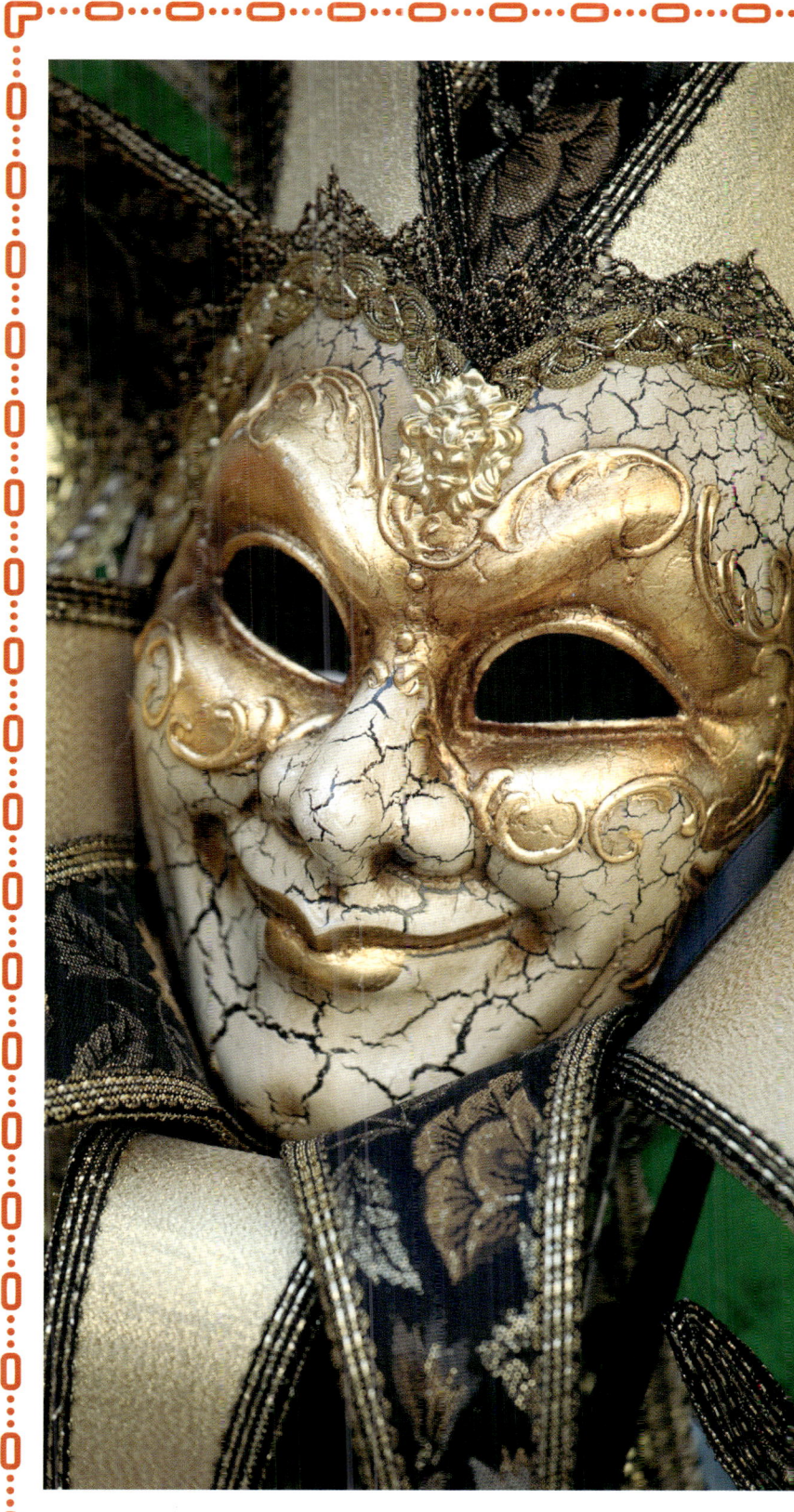

schicken; denn damit begann der vierte seinen Lebenslauf in der Stadt. Er sah überhaupt sehr flott aus; arbeiten tat er nur sehr wenig; desto mehr aber machte er Feiertage. „Wenn es nur etwas beständiger in der Welt wäre", sagte er; „aber bald ist man gut, bald schlecht gelaunt, je nach Verhältnissen; bald Regen, bald Sonnenschein; ein- und ausziehen! Ich bin auch so eine Art Wohnungsvermietunternehmer, ich kann lachen und weinen, je nach Umständen! Im Koffer hier habe ich Sommergarderobe, aber es würde sehr töricht sein, sie anzuziehen. Hier bin ich nun! Sonntags geh' ich in Schuhen und weißseidenen Strümpfen und mit Muff spazieren."

Nach ihm stieg eine Dame aus dem Wagen. Fräulein Mai nannte sie sich. Sie trug einen Sommermantel und Überschuhe, ein lindenblattartiges Kleid, Anemonen im Haare, und dazu duftete sie dermaßen nach Waldmeister, dass die Schildwache niesen musste. „Zur Gesundheit und Got-

tes Segen!", sagte sie, das war ihr Gruß. Wie sie niedlich war! Und Sängerin war sie, nicht Theatersängerin, auch nicht Bänkelsängerin, nein, Sängerin des Waldes; den frischen, grünen Wald durchstreifte sie und sang dort zu ihrem eigenen Vergnügen.

„Jetzt kommt die junge Frau!", riefen die drinnen im Wagen, und aus stieg die junge Frau, fein, stolz und niedlich. Man sah es ihr an, dass sie, Frau Juni, von faulen Siebenschläfern bedient zu werden gewohnt war. Am längsten Tage des Jahres gab sie große Gesellschaft, damit die Gäste Zeit haben möchten, die vielen Gerichte der Tafel zu verzehren. Sie hatte zwar ihren eigenen Wagen; allein sie reiste dennoch mit der Post wie die andern, weil sie zeigen wollte, dass sie nicht hochmütig sei.

Aber ohne Begleitung war sie nicht; ihr jüngerer Bruder Julius war bei ihr. Er war ein wohlgenährter Bursche, sommerlich angekleidet und mit Panamahut. Er führte nur wenig Gepäck bei sich, weil dies bei großer Hitze zu beschwerlich sei; deshalb hatte er sich nur mit einer Schwimmhose versehen, und dies ist nicht viel.

Darauf kam die Mutter selbst, Madame August, Obsthändlerin en gros, Besitzerin einer Menge Fischteiche, sie war dick und heiß, fasste selbst überall an, trug eigenhändig den Arbeitern Bier auf das Feld hinaus.

„Im Schweiße deines Angesichtes sollst du dein Brot essen!", sagte sie, „das steht in der Bibel. Hinterdrein kommen die Spazierfahrten, Tanz und Spiel und die Erntefeste!" Sie war eine tüchtige Hausfrau.

Nach ihr stieg wieder ein Mann aus der Kutsche, ein Maler, Herr Koloriermeister September; der musste den Wald bekommen; die Blätter mussten Farbe wechseln, aber wie schön; wenn er es wollte, schillerte der Wald bald in Rot, Gelb oder Braun. Der Meister pfiff wie der schwarze Star, war ein flinker Arbeiter und wand die blaugrüne Hopfenranke um seinen Bierkrug. Das putzte den Krug, und für Ausputz hatte er gerade Sinn. Da stand er nun mit seinem Farbentopfe, der war sein ganzes Gepäck!

Ihm folgte der Gutsbesitzer, der an den Saatmonat, an das Pflügen und Beackern des Bodens, auch an die Jagdvergnügungen dachte; Herr Oktober führte Hund und Büchse mit sich, hatte Nüsse in seiner Jagdtasche – ‚knick, knack!'

Er hatte viel Reisegut bei sich, sogar einen englischen Pflug; er sprach von der Landwirtschaft; aber vor lauter Husten und Stöhnen seines Nachbars vernahm man nicht viel davon.

Der November war es, der so hustete, während er ausstieg. Er war sehr mit Schnupfen behaftet; er putzte sich fortwährend die Nase, und doch, sagte er, müsse er die Dienstmädchen begleiten und sie in ihre neuen Winterdienste einführen; die Erkältung, meinte er, verliere sich schon wieder, wenn er ans Holzmachen ginge, und Holz müsse er sägen und spalten; denn er sei Sägemeister der Holzmacherinnung.

Endlich kam der letzte Reisende zum Vorschein, das alte Mütterchen Dezember mit der Feuerkiepe; die Alte fror, aber ihre Augen strahlten wie zwei helle Sterne. Sie trug einen Blumentopf auf dem Arme, in dem ein kleiner Tannenbaum eingepflanzt war.

„Den Baum will ich hegen und pflegen, damit er gedeihe und groß werde bis zum Weihnachtsabend, vom Fußboden bis an die Decke reiche und emporschieße mit flammenden Lichtern, goldenen Äpfeln und ausgeschnittenen Figürchen.

Die Feuerkiepe wärmt wie ein Ofen; ich hole das Märchenbuch aus der Tasche und lese laut aus ihm vor, dass alle Kinder im Zimmer still, die Figürchen an dem Baume aber lebendig werden, und der kleine Engel von Wachs auf der äußersten Spitze die Flittergoldflügel ausbreitet, herabfliegt vom grünen Sitze und Klein und Groß im Zimmer küsst, ja, auch die armen Kinder küsst, die draußen auf dem Flure und auf der Straße stehen und das Weihnachtslied von dem Bethlehemsgestirne singen."

„So! Jetzt kann die Kutsche abfahren", sagte die Schildwache, „wir haben sie alle zwölf. Der Beiwagen mag vorfahren!"

„Lass doch erst die zwölf zu mir herein!", sprach der Wachhabende, „einen nach dem andern! Die Pässe behalte ich hier; sie gelten jeder einen Monat; wenn der verstrichen ist, werde ich das Verhalten auf dem Passe bescheinigen. Herr Januar, belieben Sie näher zu treten." Und Herr Januar trat näher.

Wenn ein Jahr verstrichen ist, werde ich dir sagen, was die zwölf uns allen gebracht haben. Jetzt weiß ich es noch nicht, und sie wissen es wohl selbst nicht – denn es ist eine seltsam unruhige Zeit, in der wir leben.

Hans Christian Andersen

Zum neuen Jahr

Zum neuen Jahr ein neues Herze,
ein frisches Blatt im Lebensbuch.
Die alte Schuld sei ausgestrichen
und ausgetilgt der alte Fluch.
Zum neuen Jahr ein neues Herze,
ein frisches Blatt im Lebensbuch!
Zum neuen Jahr ein neues Hoffen!
Die Erde wird noch immer wieder grün.
Auch dieser März bringt Lerchenlieder.
Auch dieser Mai bringt Rosen wieder.
Auch dieses Jahr lässt Freuden blühn.
Zum neuen Jahr ein neues Hoffen.
Die Erde wird noch immer grün.

Karl Gerok

Die Feuerzangenbowle

Eine blutrote, dampfende Flüssigkeit. Männer hocken um sie herum. Der eine, der Älteste, hat in eiserner Zange einen dicken, kristallweißen Klumpen und hält ihn über das Gefäß. Der zweite hat eine verstaubte Flasche in der Hand und gießt eine helle Flüssigkeit über den Klumpen.

Der dritte setzt ihn in Brand. Eine gespenstische blaue Flamme züngelt hoch. Der weiße Klumpen knistert und fängt an zu schmelzen; dicke, zähe Tropfen lösen sich und fallen zischend in die rote Flut. Und ein leiser, betäubender Duft zieht durch den Raum, steigt ins Gehirn.

Der vierte rückt die Gläser zurecht, der fünfte öffnet eine Kiste Brasilzigarren. Der sechste rührt das Gebräu.

Der siebente, der Jüngste, darf einschenken. Geheimrat Froebel erhebt sich. „Wir haben heute Nachmittag unseren lieben, guten Pavian begraben. – Bitte lachen Sie nicht, meine Herren. Der Pavian hieß eigentlich Schmitz und war unser Lateinlehrer. Er hat uns mit Cäsar und Horaz gefüttert, wir haben ihm dafür Maikäfer mit in die Klasse gebracht oder die Tafel mit Fett eingerieben – kennen Sie das nicht? Das ist herrlich: Eine Tafel, die es nicht tut, die sich in schwarzes Schweigen hüllt. – Jetzt hat er seine wohlverdiente Ruhe und keinen böse Buben mehr, die ihn quälen. Hoffentlich fehlt es ihm da oben nicht. Auf sein Wohl!"

Die schweren dampfenden Gläser klacken aneinander. Der Ventilator surrt, die Kerzen flackern; Rauchwolken ziehen über den Tisch.

„Auf sein Wohl!"

„Übrigens, was das anlangt: Er war keiner von denen, die hineinspuckten. Das kann ihm keiner nachsagen. Montags war er manchmal etwas müde; dann schlich er aufs Katheder, ließ uns irgendwas schreiben, nahm den Kopf zwischen die Hände und pennte. Aber wir Schwefelbande hatten dafür kein Verständnis: eines Tages haben wir uns verschworen und sind roh und herzlos einer nach dem anderen ausgekniffen. Als er wach wurde, saß er vor leeren Bänken. Meine Herren, Sie lachen zu früh. Die Sache endet tragisch, unser Pavian hat sich den Fall zu Herzen genommen, ist ein paar Tage nicht zur Schule gekommen – und hat sich das Saufen abgewöhnt."

„Wir hatten auch so eine komische Kruke", mischte sich der Justizrat ein, „der hatte nie ein Taschentuch und putzte sich seine Brille mit der Zunge ab. Als das mal einer von uns nachmachte, wurde er furchtbar böse und ließ uns einen Aufsatz schreiben über das Thema: Quod licet Jovi, non licet bovi."

„Wir hatten einen, der war ein misstrauisches Luder. Er ließ die Klasse nicht eine Sekunde aus den Augen, er kam sich vor wie ein Dompteur vor seinen Raubtieren. Sogar wenn er etwas an die Tafel schrieb, behielt er die Front zu uns, schrieb mit seitlich ausgestrecktem Arm. Bei dem war nicht viel zu machen. Aber einmal haben wir ihn drangekriegt. Wir haben uns verabredet und stierten die ganze Stunde unentwegt auf den Klassenschrank. Erst nahm er keine Notiz davon, er guckte nur von Zeit zu Zeit hinüber, konnte aber nichts entdecken. Allmählich wurde er nervös, manövrierte sich unauffällig an den Schrank heran: es war nichts zu sehen. Schließlich wurde ihm die Sache unheimlich; vielleicht vermutete er eine Höllenmaschine. Blitzschnell riss er die Schranktür auf: Nichts. Ließ den Schrank ausräumen: Nichts."

„Und was war mit dem Schrank?"; fragte harmlos Dr. Pfeiffer.

Ein dröhnendes Gelächter war die Antwort. Warum sind Lehrer Originale? Die Frage wird aufgeworfen und beantwortet: Erstens sind sie gar keine, die Fantasie der Jungen und die Übertreibung der Fama macht sie dazu. Zweitens müssen sie Originale sein. Kein Mensch, kein Vorgesetzter ist so unerbittlich den Augen einer spottlustigen und unbarmherzigen Menge ausgesetzt wie der Magister vor der Klasse. In dem Bestreben, seine Würde zu wahren und sich keine Blöße zu geben, wird er verbogen und verschroben. Oder er stumpft ab und lässt sich gehen

„Wie zum Beispiel unser Mathematiker", fügt der alte Etzel ein. „Er kam meistens hab angezogen in die Klasse. Einmal ohne Schlips, einmal mit verschiedenen Schuhen, manchmal auch ungenügend zugeknöpft Und ihm war es Wurst."

„Wir hatten einen in Gesang, der hatte den merkwürdigen Ehrgeiz, uns bei jeder Schulfeier mit einem unendlichen Klaviervortrag zu beglücken. Eirmal, zu Kaisers Geburtstag, legte er los mit Pathéthique. Die Aula war mäuschenstill. ,Pirr-pirr', macht der Flügel; ,pirr-pirr, pirr-pirr-pirr'. Es klang keineswegs pathetisch."

„Ah, da habt ihr eine Kette über die Saiten gelegt? Aber es geht auch mit Seidenpapier. Wir haben mal –"

„Kennen Sie das: Wenn man Kreide in die Tinte tut, dann schäumt das über und gibt eine grandiose Schweinerei."

„Wir haben mal einen nassen Schwamm auf den Kathederstuhl gelegt. Unser alter Heimendahl war außer sich über seine nasse Hose."

Eine zweite Frage wird aufgeworfen: Warum quält man die Magister? Aus Bosheit, Notwehr, Langeweile, Unverstand, Instinkt? Der alte Etzel hat die Antwort: Weil es Spaß gibt.

Es gibt sogar heute noch Spaß, wenn man nur davon erzählt. Unsere Lehrer haben es mit ihren Lehrern ja auch so gemacht.

Jetzt sind sie wieder am Zuge. Jeder hat einen Beitrag, über den er selbst am meisten lacht, und jeder weiß noch etwas Schöneres und nimmt dem Anderen das Wort aus dem Mund. Am liebsten möchten sie alle gleichzeitig erzählen. Sie freuen sich wie die Schulbuben, die würdigen Herren, von denen jeder sein halbes Jahrhundert auf dem Rücken hat. Sie lachen, dass ihnen die Tränen über die Backen kullern und die große Bowle sanfte Wellen schlägt.

Rauchschwaden ziehen durch den Raum; der Ventilator surrt, die Kerzen flackern. Der Küfer drückt sich im Hintergrund herum und wundert sich.

„Träumen Sie auch schon mal von der Schule?" Oh, das taten sie alle. Besonders die Älteren.

„Vor kurzem habe ich geträumt, ich ging mit meinem Jungen zusammen aufs Pennal. Aber nur zum Spaß. Ich hatte natürlich keinen Schimmer mehr; der Bengel musste mir alles vorsagen. Ich hatte aber auch keine Angst; wenn es brenzlig wurde, brauchte ich nur aufzustehen und sagen: Was wollt ihr überhaupt? Ich bin nur aus Jux hier. Ich habe doch längst mein Abitur."

„Ich träume immer nur, ich hätte mein Geschichtsbuch vergessen. Besonders dann wenn ich abends schwer gegessen habe."

„Sie Kümmerling. Ich hatte überhaupt nie die Bücher. Das Geld war mir zu schade; das habe ich versoffen. Und wenn dann mal –"

„Habe ich Ihnen das schon erzählt? Es war der 1. April, da hat einer von uns –"

„Bei uns war immer April!"

„Wir hatten einen –"

„Wir haben mal –"

Sie gönnten sich gegenseitig nichts. Sie übertrumpften sich; Dichtung und Wahrheit flossen ineinander. Und die sechs Herren, Väter studierender Söhne und verheirateter Töchter, verjüngten sich zusehends.

Längst war der Küfer geflüchtet. Auch der Wirt hatte sich taktvoll verzogen. Jeden Augenblick musste man darauf gefasst sein, dass die entfesselten Herren anfingen, sich mit Papierkugeln zu werfen oder in die Beine zu pieken.

Nur einer saß trübselig guckend dabei. Es ist Dr. Hans Pfeiffer, der Benjamin der Gesellschaft. Er hat als junger Schriftsteller bereits einen großen Namen; der alte Etzel hat seine ersten Bücher finanziert, um die sich heute die Verleger reißen Seine humoristischen Schriften sind weltberühmt, und mit den alten Herren kam er sonst prächtig zurecht.

Aber heute kommt er nicht mit. Er versteht nicht, was sie erzählen, begreift nicht, worüber sie lachen, er findet das alles ein wenig albern. Denn was ein richtiges Pennal ist, das weiß er nur aus Büchern, die es nicht gibt. Er selbst ist nie auf einem Gymnasium gewesen. Zum Abschluss wurde er auf dem Gut seines Vaters von einem alten Hauslehrer vorbereitet, und mit dem konnte man keinen Fetz machen, weil er ein armes Luder war. Hans Pfeiffer war ganz niedergeschlagen und voll Neid. Es muss doch etwas Herrliches sein, so ein Pennal mit richtigen Magistern, richtigen Klassen und richtigen Kameraden. Mit seinen vierundzwanzig Jahren kommt er sich gegen die älteren Herrschaften wie ein Greis vor. Und jetzt fangen sie auch noch an, ihn zu bedauern.

„Ach, Sie haben ja keine Ahnung, Pfeiffer."

„Im Ernst, Pfeiffer, da haben Sie was versäumt. Das Schönste vom Leben haben Sie nicht mitgekriegt."

„Weiß Gott, das Schönste vom Leben! Und das können Sie auch nicht mehr nachholen. Prost Pfeiffer!"

Das kann er nicht mehr nachholen.

Die Feuerzangenbowle fängt an, kalt zu werden. Man redet zu viel und trinkt zu wenig. Pfeiffer schenkt ein. Die Brasilkiste geht rund.

Plözlich schwirrt ein Gedanke durch den Raum. Ein kleiner, dummer Gedanke. Man weiß nicht, wer ihn aufgebracht, von wannen er kommt. Vielleicht aus der Feuerzangenbowle. Es ist auch nur ein Scherz, ein fauler Witz. Aber er ist da. Hakt sich in den Köpfen fest und lässt nicht mehr locker.

Man lacht und schüttelt darüber den Kopf; dann spricht man wieder von etwas anderem. Aber immer wieder tauchte dieser Gedanke auf und ist nicht mehr umzubringen.

„Wie wär's, Pfeiffer, haben Sie Mut?"

Wozu Mut? Was kann ihm schon passieren? Er kann jeden Tag wieder gehen, wenn es ihm nicht mehr passt. Oder lässt sich hinausschmeißen, wenn er es zu bunt treibt. Sein Abitur hat er ja.

Pfeiffer hat Bedenken. Gewiss, es wird ein famoser Jux, vielleicht auch Stoff zu einem Roman oder Film. Und das Abenteuer reizt ihn gewaltig, ihn, den geheimen Romantiker. Aber ... Kein Aber! Vcn allen Seiten stürmen sie auf ihn ein.

„Gewiss, Pfeiffer, Ihren Benz können Sie nicht mitnehmen."

„Auch Ihre Marion nicht."

„Und ein paar Monate ohne jeglichen Lebenswandel müssen Sie schon überstehen."

Sie besprechen bereits die Einzelheiten, die Technik. Er sieht ja ziemlich jung aus; man kann auch nachhelfen. Die ganze Tafelrunde ist in Begeisterung. Der Ventilator surrt. Die Kerzen flackern. Rauchschwaden ziehen um die erhitzen Köpfe. In zweiter, vermehrter und verbesserter Auflage steigt die Feuerzangenbowle.

„Auf Ihr Wohl, Pfeiffer!"

„Wann geht es los?"

„Verdammt! Man möchte mitfahren!"

„Mensch! Ermorden könnte ich Sie!"

Wieder klacken die schweren Gläser aneinander. Werden nachgefüllt, klacken abermals. Und langsam, aber sicher tut die Feuerzangenbowle ihre Schuldigkeit.

Eine Feuerzangenbowle hat es in sich. Nicht wegen des Katers; das ist eine Sache für sich. Eine Feuerzangenbowle ist keine Bowle. Sie ist ein Mittelding zwischen Gesöff und Hexerei. Bier sackt in die Beine. Wein legt sich auf die Zunge, Schnaps kriecht ins Gehirn. Eine Feuerzangenbowle aber geht ans Gemüt. Weich und warm hüllt sie die Seelen ein, nimmt die Erdenschwere hinweg und löst alles auf in Dunst und Nebel.

Aber der Gedanke blieb. Die Idee siegte. Und ein Wunschtraum wird zur Tat.

Heinrich Spoerl

Februar

Februar

Schon leuchtet die Sonne wieder am Himmel
und schmilzt die Schneelast von den Dächern
und taut das Eis auf an den Fenstern
und lacht ins Zimmer: Wie geht's? Wie steht's?
Und wenn es auch noch lang nicht Frühling,
so laut es überall tropft und rinnt ...
du sinnst hinaus über deine Dächer ...
du sagst, es sei ein schreckliches Wetter,
man werde ganz krank! und bist im Stillen
glückselig drüber wie ein Kind.

Cäsar Flaischlen

Vom Schnee und vom Schneeglöckchen

Der Herr hat alles erschaffen: Gras und Kräuter und Blumen. Er hatte ihnen die schönsten Farben gegeben.

Zuletzt machte er nun noch den Schnee und sagte zu ihm: „Die Farbe kannst du dir selbst aussuchen. So einer wie du, der alles frisst, wird ja wohl etwas finden."

Der Schnee ging also zum Gras und sagte: „Gib mir deine grüne Farbe!"

Er ging zur Rose und bat sie um ihr rotes Kleid. Er ging zum Veilchen und dann zur Sonnenblume. Denn er war eitel. Er wollte einen schönen Rock haben.

Aber Gras und Blumen lachten ihn aus und schickten ihn fort.

Er setzte sich zum Schneeglöckchen und sagte betrübt: „Wenn mir niemand eine Farbe gibt, so ergeht es mir wie dem Wind. Der ist auch nur darum so bös, weil man ihn nicht sieht."

Da erbarmte sich das Schneeglöckchen und sprach: „Wenn dir mein Mäntelchen gefällt, kannst du es nehmen."

Der Schnee nahm das Mäntelchen und ist seitdem weiß.

Aber allen Blumen ist er seitdem feind, nur nicht dem Schneeglöckchen.

Oskar Dähnhardt

Die Vögel kommen

Die Vögel kommen

Die Vögel kommen
in ganzen Schwärmen,
um dich zu erfreuen.
Das junge Grün sprießt;
und der Wald wächst schön
und steht wie eine Braut da,
um dir Freude zu schenken.

Du bist geschaffen.
Du bist da.
Du bekommst heute
das zum Dasein Nötige.
Du wurdest erschaffen.
Du wurdest Mensch.

Du kannst sehen,
bedenke: Du kannst sehen,
du kannst hören, du kannst
riechen, schmecken, fühlen.

Sören Kierkegaard

Der selbstsüchtige Riese

An jedem Nachmittag, wenn die Kinder aus der Schule kamen, gingen sie in den Garten des Riesen und spielten dort.

Es war ein großer, wunderschöner Garten mit weichem grünen Gras. Hier und da im Gras standen liebliche Blumen wie Sterne und da waren auch zwölf Pfirsichbäume, die im Frühling zartrosa und perlmuttfarben erblühten und im Herbst reiche Frucht trugen. Die Vögel saßen in den Bäumen und sangen so süß, dass die Kinder immer wieder in ihren Spielen innehielten, um zu lauschen. „Wie glücklich wir hier doch sind!", riefen sie einander zu.

Eines Tages kam der Riese zurück. Er hatte seinen Freund besucht, den Menschenfresser aus Cornwall, und er war sieben Jahre bei ihm geblieben. Nach sieben Jahren hatte er alles gesagt, was er ihm zu sagen hatte, denn sein Gesprächsstoff war sehr beschränkt, und so beschloss der Riese, in sein eigenes Schloss zurückzukehren. Als er dort ankam, sah er die Kinder in seinem Garten spielen.

„Was tut ihr hier?", rief er mit barscher lauter Stimme und sofort liefen die Kinder davon.

„Mein Garten ist mein Garten", tönte der Riese, „Jeder kann das verstehen, und ich werde niemandem erlauben, darin zu spielen, außer mir selbst". Also errichtete er eine hohe Mauer um den Garten und stellte eine Warntafel auf: Unbefugten ist der Zutritt bei Strafe verboten! Er war ein sehr selbstsüchtiger Riese.

Die armen Kinder hatten jetzt keinen Ort mehr, an dem sie spielen konnten. Sie versuchten es auf der Landstraße, aber die Landstraße war sehr staubig und voller Steine, und es machte ihnen dort keinen Spaß. Sie gingen also, wenn die Schule aus war, um die große Mauer herum und erinnerten sich an den schönen Garten dahinter. „Wie glücklich waren wir dort", sagten sie zueinander.

Dann kam der Frühling und überall im Land erblühten die Blumen und kleine Vögel flogen herbei. Nur in dem Garten des selbstsüchtigen Riesen blieb es Winter. Die Vögel wollten dort nicht singen, weil keine Kinder da waren, und die Bäume vergaßen zu blühen. Einmal streckte eine schöne Blume ihr Köpfchen aus dem Gras hervor, aber als sie die Warntafel sah, war sie so traurig wegen der Kinder, dass sie sich gleich wieder in den Boden zurückzog und weiterschlief.

Die einzigen Leute, die sich freuten, waren der Schnee und der Frost. „Der Frühling hat diesen Garten vergessen", jubelten sie, „also werden wir fortan das ganze Jahr hier leben."

Der Schnee bedeckte das Gras mit seinem großen weißen Mantel, und der Frost bemalte alle Bäume silberweiß. Dann luden sie den Nordwind ein, bei ihnen zu wohnen, und er kam. Er war in Pelze eingehüllt und heulte den ganzen Tag durch den Garten und blies die Schornsteine herunter. „Das ist ein herrlicher Platz", sagte er, „wir müssen den Hagel auf einen Besuch bitten."

So kam der Hagel. Jeden Tag prasselte er drei Stunden lang auf das Schlossdach herunter, bis er fast alle Schieferplatten zerbrochen hatte, und danach tobte er überall im Garten umher, so schnell er nur konnte. Er war ganz in Grau gekleidet und sein Atem war wie Eis.

„Ich verstehe nicht, warum der Frühling so spät kommt", wunderte sich der selbstsüchtige Riese, als er am Fenster saß und auf seinen kalten weißen Garten hinuntersah. „Ich hoffe, das Wetter ändert sich bald."

Aber der Frühling kam nie und auch der Sommer nicht. Der Herbst schenkte jedem Garten goldene Früchte, aber dem Garten des Riesen gab er keine.

„Er ist zu selbstsüchtig", sagte der Herbst. So blieb es dort immer Winter und der Nordwind und der Hagel und der Frost und der Schnee tanzten Tag für Tag um die Bäume.

Eines Morgens lag der Riese wach im Bett, als er eine liebliche Musik vernahm. Es klang so süß an seine Ohren, dass er dachte, die Musikanten des Königs zögen vorüber. Doch es war nur ein kleiner Hänfling, der vor seinem Fenster sang, aber der Riese hatte so lange keinen Vogel mehr in seinem Garten singen hören, dass es ihm wie die schönste Musik der Welt vorkam. Plötzlich hörte der Hagel auf, über seinem Kopf zu tanzen, und das Heulen des Nordwinds verstummte. Und dann drang ein köstlicher Duft durch den geöffneten Fensterflügel zu ihm hinein.

„Ich glaube, der Frühling ist endlich gekommen", freute sich der Riese. Er sprang aus dem Bett und schaute hinaus. Und was sah er?

Er sah etwas ganz Wunderbares. Die Kinder waren durch ein kleines Loch in der Mauer in den Garten gekrochen und nun saßen sie in den Zweigen der Bäume. In jedem Baum, den der Riese sehen konnte, saß ein kleines Kind. Und die Bäume waren so froh, die Kinder wieder bei sich zu haben,

dass sie sich über und über mit Blüten bedeckt hatten und ihre Arme behutsam über den Köpfen der Kinder hin und her bewegten. Die Vögel flogen umher und zwitscherten vor Entzücken, und die Blumen streckten ihre Köpfe aus dem grünen Gras hervor und lachten.

Es war ein entzückendes Bild – nur in einem Winkel des Gartens war es noch Winter. Es war der entlegenste Winkel, und dort stand ein kleiner Junge. Er war so klein, dass er nicht an die Äste hinaufreichen konnte, und so lief er um den Baum herum und weinte bitterlich. Der arme Baum war noch ganz bedeckt mit Frost und Schnee, und der Nordwind stürmte und heulte über ihm.

„Klettere herauf, kleiner Junge!", rief der Baum, und senkte seine Äste so tief er nur konnte, aber der Junge war zu klein.

Als er das sah, wurde des Riesen Herz weich. „Wie selbstsüchtig ich doch war!", schalt er sich. „Jetzt weiß ich, weshalb der Frühling nicht hierher kommen wollte. Ich werde dem armen kleinen Jungen auf den Baumwipfel helfen und dann werde ich die Mauer niederreißen, und mein Garten soll auf alle Zeit der Spielplatz der Kinder sein."

Er war wirklich sehr traurig über das, was er getan hatte.

So schlich er hinunter, öffnete ganz leise die Haustür und trat in den Garten. Aber als die Kinder ihn sahen, erschraken sie so, dass sie alle wegliefen und sofort kehrte der Winter in den Garten zurück. Allein der kleine Junge lief nicht weg, denn seine Augen waren so voller Tränen, dass er den Riesen nicht kommen sah.

Der Riese trat leise hinter ihn, nahm ihn zärtlich auf seine Hand und setzte ihn hinauf in den Baum. Sogleich fing der Baum an zu blühen, und die Vögel kamen und sangen in ihm, und der kleine Junge breitete beide Arme aus, schlang sie um den Hals des Riesen und küsste ihn.

Als die anderen Kinder sahen, dass der Riese nicht mehr böse war, liefen sie eilig herbei, und mit ihnen kam auch der Frühling zurück.

„Der Garten gehört jetzt euch, liebe Kinder", sagte der Riese freundlich, und er nahm eine große Axt und hieb die Mauer um.

Als die Leute um die Mittagszeit zum Markt gingen, erblickten sie den Riesen, der mit den Kindern spielte, in dem allerschönsten Garten, den sie je gesehen hatten.

Den ganzen Tag lang spielten sie zusammen, und am Abend kamen die Kinder zu dem Riesen und wünschten ihm eine gute Nacht.

„Aber wo ist denn euer kleiner Freund?", fragte er. „Der Junge, den ich auf den Baum gehoben habe?" Ihn hatte der Riese am liebsten, weil dieser ihn geküsst hatte.

„Wir wissen es nicht", antworteten die Kinder. „Er ist fortgegangen."

„Ihr müsst ihm sagen, er soll auf jeden Fall morgen wieder kommen", bat der Riese. Aber die Kinder sagten, sie wüssten nicht, wo der Junge wohne, und sie hätten ihn zuvor nie gesehen. Da wurde der Riese sehr traurig.

Jeden Nachmittag, wenn die Schule aus war, kamen die Kinder nun und spielten mit dem Riesen. Nur der kleine Junge, den der Riese so gern hatte, wurde nie mehr gesehen. Der Riese war zu allen Kindern sehr lieb, und doch sehnte er sich nach seinem kleinen Freund und sprach oft von ihm.

„Wie gern möchte ich ihn wiedersehen", sagte der Riese immer wieder.

Die Jahre vergingen, und der Riese wurde alt und schwach. Er konnte nicht mehr mit den Kindern herumtollen, und so saß er in seinem riesigen Lehnstuhl, sah ihnen beim Spielen zu und erfreute sich an seinem Garten.

„Ich habe viele schöne Blumen", lächelte er, „aber die schönsten Blumen von allen sind doch die Kinder."

An einem Wintermorgen sah er beim Ankleiden aus seinem Fenster. Jetzt hasste er den Winter nicht mehr, denn er wusste, dass der Frühling lediglich schlief und dass die Blumen sich ausruhten.

Plötzlich rieb er sich verwundert die Augen und schaute und schaute noch einmal. Es war wirklich ein wundersamer Anblick. Im entlegensten Winkel des Gartens war ein Baum über und ganz bedeckt mit lieblichen weißen Blüten. Seine Äste waren aus purem Gold und silberne Früchte hingen an ihnen, und darunter stand der kleine Junge, den der Riese so geliebt hatte.

Voller Freude eilte der Riese die Treppe hinunter, lief in den Garten und rannte quer über den Rasen auf das Kind zu. Doch als er ihm ganz nahe gekommen war, wurde sein Gesicht rot vor Zorn, und er rief entrüstet: „Wer hat es gewagt, dich zu verwunden?"

Denn an den Handflächen des Kindes waren Male von zwei Nägeln und es waren auch Male von zwei Nägeln an den kleinen Füßen.

„Wer hat es gewagt, dich zu verwunden?", rief der Riese erneut. „Sag es mir, damit ich mein großes Schwert nehme und ihn erschlage".

„Aber nein!", antwortete das Kind. „Dies sind die Wunden der Liebe."

„Wer bist du?", flüsterte der Riese. Eine seltsame Scheu überkam ihn und er kniete vor dem kleinen Kind nieder.

Das Kind lächelte den Riesen an und sprach zu ihm. „Du hast mich einst in deinem Garten spielen lassen. Heute sollst du mit mir in meinen Garten kommen; und das ist das Paradies."

Und als die Kinder an diesem Nachmittag in den Garten stürmten, fanden sie den Riesen tot unter dem Baum liegen, über und über bedeckt mit weißen Blüten.

Oscar Wilde

Vorfrühling

Stürme brausten über Nacht,
und die kahlen Wipfel troffen.
Frühe war mein Herz erwacht,
schüchtern zwischen Furcht und Hoffen.

Dort am Weg der weiße Streif.
Zweifelnd frag' ich mein Gemüte:
Ist's ein später Winterreif
oder erste Schlehenblüte?

Paul Heyse

BILDVERZEICHNIS

Titelfotos: © fotolia: Vito Fusco (Kaminfeuer); Opidanus (Bücher); © iStock: Lauri Patterson (Teetasse)
Rückseite: © fotolia: sunset man (Holz); Kalle Kolodziej (Fenster); © iStock: Steve Geer (Eichhörnchen)

Innenseiten:
© iStock
S. 3: Liv van Steenburgh; S. 6: Ina Schönrock; S. 10: Alison Stieglitz; S. 14: Michael Marcol; S. 18: Ina Schönrock; S. 22: ZoneCreative; S. 24: Silke Dietze; S. 25: Pavel Shlykov; S. 28: Perry Kroll und DorianGray S. 29: Plougmann und athena lonsdabe; S. 31: Ina Schönrock; S. 33: volpalabra; S. 35: Goran Bogicevic; S. 37: Piotr Skubisz; S. 38: Chris Pecoraro; S. 41: Kati Molin; S. 43: elianadulins; S. 44: Monika Wisniewska und suzann Julien; S. 46: Ivan Ivanov; S. 47: Jillian Pond; S. 49: Frank van dem Bergh; S. 51: Brigitte Smith; S. 52: Cecilia Bajic und hagit berkovich; S. 53: jean schweitzer und fotolinchen; S. 55: Mattew Hort; S. 56: GoodMood Photo; S. 59: Liliya Kulianionak; S. 60: Ina Schönrock; S. 65: Mlenny Photography; S. 66: Dori OConnell und HGfoto; S. 69: elena moiseeva; S. 70: Nadzeya Kizilava; S. 73: Damian Kutdak und Silke Dietze; S. 74: Clayton Hansen; S. 75: Matt Craven; S. 76: Carol Gering und webphotographeer S. 78: Anyka; S. 81: Lisa McCorkle; S. 85: Dan Moore; S. 86: Marcus Lindström; S. 89: DNY59; S. 91: mark wragg; S. 93: Cogipix; S. 94: Shawn Gearhart; S. 98: catnap72; S. 103: Willi Schmitz; S. 105: Robert Kohlhuber; S. 107: René Mansi; S. 109: Dina Trifonova; S. 110: 00Y00 und Marcus Lindström; S. 111: bravobravo und nightAndDayImages
© fotolia
S. 9: Roswitha; S. 12: Marion Divis; S. 13: Rainer Ksobiak; S. 17: Konstanze Gruber; S. 21: pfrischmuth; S. 27: julianf; S. 63: Stefan Körber; S. 82: Christian Jung; S. 87: bittedankeschön; S. 97: Carsten Steps; S. 101: flucas

QUELLENVERZEICHNIS

Joan Aiken, **Die Fähre**
aus: A Creepy Company, übers. von Irmela Brender
© Aiken Enterprises, Ltd., 1995

Dorothy Black, **Die weise Frau**
aus: Weihnacht in Schottland und England. Erzählungen. Ausgew. und übers. von Elisabeth Schnack.
Zürich: Die Arche, 1986
© Jochen H. Schnack, Bad Dürrheim

Heinrich Spoerl, **Die Feuerzangenbowle**
© 1933 Droste Verlag GmbH, Düsseldorf

© 2011 Esslinger Verlag J.F. Schreiber
Anschrift: Postfach 10 03 25, 73703 Esslingen
Bild- und Textauswahl, sowie Textlektorat: Sylvia Tress
Redaktion: Friederike Spieth
Covergestaltung und Layout: Stefanie Gekle
www.esslinger-verlag.de

ISBN 978-3-480-22853-9

Frühling

Jeden Morgen in meinem Garten
öffnen neue Blüten sich dem Tag.
Überall ein heimliches Erwarten,
das nun länger nicht mehr zögern mag.
Die Lenzgestalt der Natur ist doch wunderschön,
wenn der Dornbusch blüht und die Erde
mit Gras und Blumen prangert.

Matthias Claudius

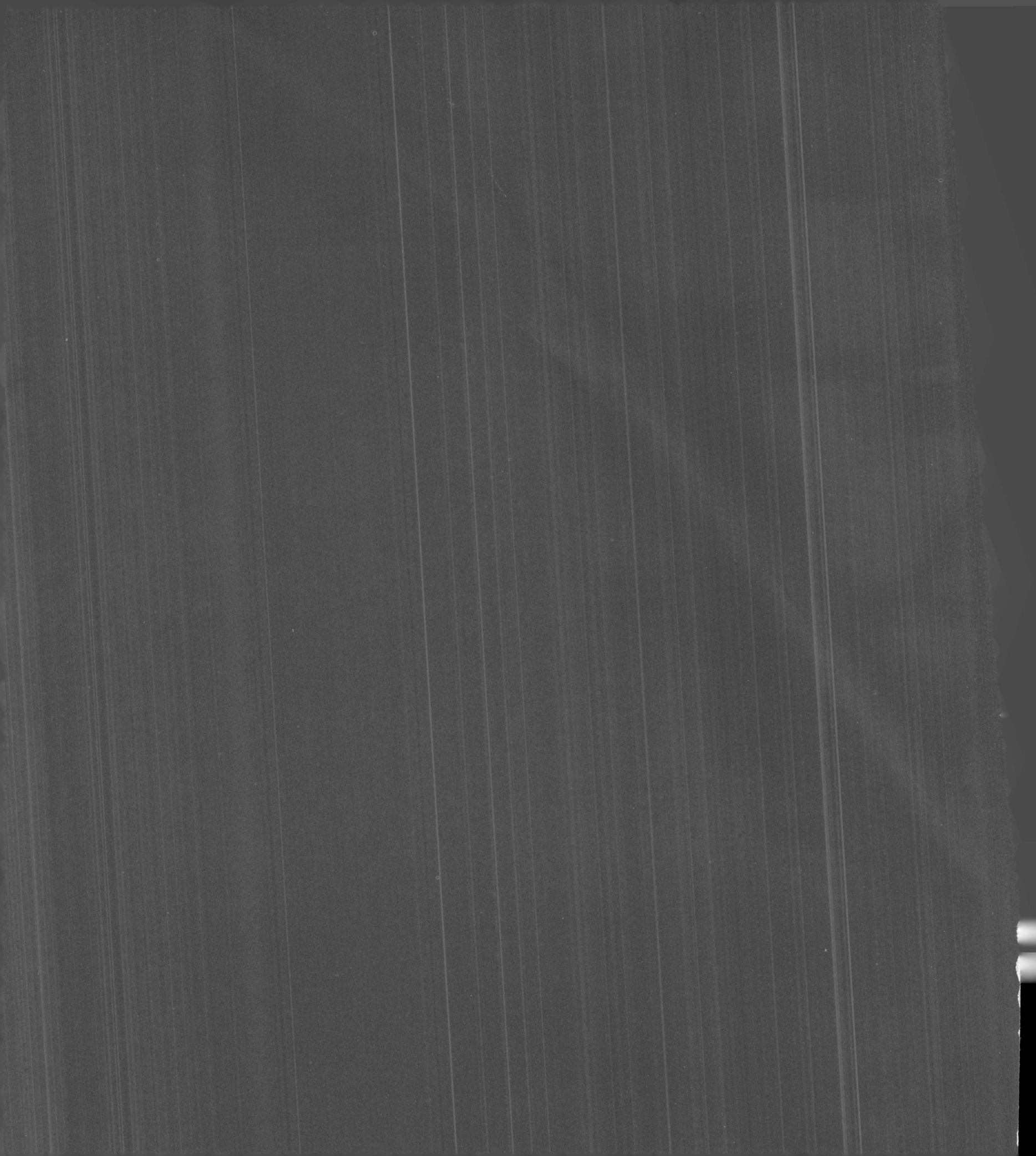